東方博物

第二十九辑

浙江省博物馆　编

浙江大学出版社

图书在版编目（CIP）数据

东方博物 . 第 29 辑／浙江省博物馆编 . —杭州：浙江大
学出版社，2008.12
　ISBN　978-7-308-06436-1

　Ⅰ . 东 … Ⅱ . 浙 … Ⅲ . 文物—考古—中国—文集 Ⅳ .
K870.4-53

中国版本图书馆 CIP 数据核字（2008）第 195253 号

东方博物　第二十九辑

浙江省博物馆　编

责任编辑	陈丽霞
美术编辑	张　卉
英文翻译	潘　艳
设计总监	王屹峰
出版发行	浙江大学出版社
	（杭州浙大路 38 号　邮政编码：310027）
	（E-mail:zupress@mail.hz.zj.cn）
	（网址：http://www.zjupress.com）
印　　刷	浙江海虹彩色印务有限公司
开　　本	889mm × 1194mm　　1/16
印　　张	8
字　　数	223 千
版 印 数	2008 年 12 月第 1 版　　2008 年 12 月第 1 次印刷
印　　数	0001-3054
书　　号	ISBN 978-7-308-06436-1
定　　价	30.00 元

东方博物

第二十九辑

MAIN CONTENTS

Abstract: This paper studies the functions, designs and technologies of the jade artifacts of Yue State and discusses their relevance to the Changhua Stone. The author not only analyzes the jade technology including surface openwork, cohering, inlaying, string carving, burnishing, piercing and so forth, but also explores the period and range of the use of Changhua Stone.

Key words: Yue State; jade artifact; Changhua Stone

Abstract: In 1963, a gold-overlaid colored stone case of Buddhist scripture was recovered from Nansi Tower in Dongyang. The case is marked with the donation date of it, 961 AD (the second year of Jianlong in North Song Dynasty). The Buddhism-Mount-Sumeru-shaped base is painted with an image of ten people dancing, which is associated with the Buddhist concept of Pure Land sect (or Sukhavati sect). This dancing prevailed in Buddhist temples throughout the central plain during North Song Dynasty and spread north-towards into Liao before the middle of the 11th century. It had important influence on the emergence and flourish of the images of *San Yue* (ancient folk performance art including dancing, instrumental music, juggle, kungfu and so on) in graves of Song and Liao at the end of the 11th century.

Key words: Nansi Tower; Buddhist scripture case; dancing; Buddhist concept of Pure Land; *San Yue*

Abstract: *She* is one of the oldest peoples existing in China. It has a long history and unique cultural traditions. The worship painting (*Zu Tu*) made by each section is one of the most distinctive cultural heritages. In this paper, the worship painting made in 1878 (the fourth year of Guangxu in Qing Dynasty) and preserved in Hujiaokeng Village, Liancheng Town, Lishui exemplifies the main contents and ritual functions of a complete set of *She* worship painting.

Key words: Hujiaokeng Village; *She* people; worship painting (*Zu Tu*); ritual

越国玉石器及早期昌化石文物研究

洪丽娅（杭州历史博物馆　310002）

【摘要】本文在昌化石材质研究的基础上，对越国玉石器的用途、纹饰特征做了研究，并对平面透雕、粘合、镶嵌、线刻、打磨、钻孔等工艺技术特征作了分析，同时对昌化石的使用年代及应用范围进行了初步探索。

【关键词】越国　玉石器　昌化石

昌化属越地，"春秋越西境，战国属楚，秦属会稽郡余杭县，汉属丹阳郡为於潜"[1]。昌化之玉山出美石，"玉石山高出海面一千二百余公尺，东北则为天目山山脉之主干"[2]。玉山乡在宋代已有记载："玉山乡里六曰保福，属九都。按宋咸淳志，邑有四乡，一村五十里。"[3] 这些都是关于昌化石产地的文史记载。1990、1999 年杭州市半山石塘战国墓出土的 112 件玉石器中，有 35 件为昌化石文物。经过科学测定，初步认定这些出土的昌化石大多为地开石、伊利石（绢云母矿石）[4]。D24T1M1 出土的 5 件石剑格上，有鸟虫书铭文"越王"[5]（图一），昭示了墓葬群的所属是越国。

本土文物的确立，为展开乡土文化研究，提供了有力的依据。笔者在昌化石材质研究的基础上，又深入对越国玉石的加工工艺和昌化石的使用年代及应用范围进行了初步地探索。经过一段时间的研究和考察，笔者深感越人爱美，善于利用各种天然的美石装缀生活，"拾其自然，巧夺天工"可谓是越国玉石工艺的一大特点。在越国玉石加工的使用材料中，除有软玉外，还经常使用昌化石、滑石、绿泥石、萤石、砺石等天然矿石，除此之外玛瑙、水晶、孔雀石等天然宝石也常常被其所用。试归纳如下：

一　早期昌化石文物的用途

1.以石代玉的兵器形礼器

杭州半山石塘战国墓中出土的昌化石文物，大多为兵器，如 D24T1M1 出土的 41 件玉石器中，有昌化石剑具 18 件，包括数套（组）的剑首、剑格、剑，以及 8 件涡纹石小环，其环壁内平外圆，应是剑柄上的围箍。D13T1M2 出土的一组云龙纹剑鞘，以 5 件为 1 套（组）。除此之外，在绍兴地区也出土过矛、戈、镦、剑等的昌化石质地的各种兵器。这些以昌化石代替玉材的兵器形礼器，在表明"尊卑有度"等级的同时，也显示了当时、当地的风俗习惯。

2.各种珠、管、环等串饰、佩件

这一现象随着时代的大流，反映了中国玉文化已伴随着奴隶制的崩溃、封建制的建立，向人性的复苏和神权动摇的方向发展。意识形态的特征反映在用玉习俗上，表现为玉礼器的明显减少，而被赋予道德内涵的佩饰逐渐占主要地位，成为发展主流。杭州半山战国墓出土的玉石器反映了这一时代的特征。除此以外，2003 年在浙江东阳市六石镇出土了大量春秋时期的各种质地的串饰件和佩饰件[6]（图二、三、四），在绍兴地区也见到不少春秋战国时期的同类文物。以上所举例子，就包含了不少昌化石质器物。

3.其他器具

除了佩带饰件外,还有另外的一些器具出土。例如在东阳六石还出土了石樽。在对绍兴民间收藏的考察过程中,也发现了春秋战国时期同样质地的盘、碗、盒(图五)、匜(图六)、尊(图七)、璧、句鑃、铎(图八)、带钩、饰版、排箫、印章等,以及一组呈深灰或乳白色不等、类似现代跳棋状的器物。其中盘经科学测定为地开石(图九)[7]。

图一

二 越国玉石器的纹饰特点

1. 早期以素面为主

东阳六石出土了数量多达近 3000 件(组)春秋时期的玉石饰品,这些玉石器大多素面无纹,尤以打磨、穿孔和器物造型的工艺技术取胜。笔者认为,聪明的越人之所以采用素面工艺,是充分地利用了玉石天然的颜色和斑纹之美,并极力地把它们表现出来。因此,制作玉石器不在纹饰上着力,而是在工艺的精确度上用功,并以此表现出特有的艺术风格。

2. 分段阴刻密集组合纹

器物上常饰勾云纹、涡纹、水波纹、短斜直线纹等,并常常用分段密集的短斜刻线或密集斜方格纹与其他纹饰组合出现,或作为边饰,或动物的身躯装饰。例如杭州半山石塘 D13T1M2 出土的第 966 号昌化石云龙剑鞘上,雕有三组龙纹和三组蛇纹,每组为相对的两条龙或两条蛇。其中一条龙的身躯采用空白与密集斜方格纹分段组合装饰,另一条全身布满鳞纹。蛇的一组也一样,一条蛇的身躯采用空白与密集斜方格纹分段组合装饰;图案之间的间隔栏,也采用了密集短斜刻线和分段斜格纹装饰(图十)。1998 年绍兴印山越王陵出土的玉镇上即采用勾云纹与分段密集短斜刻线的组合(图十一),同时出土的玉钩上也采用了密集短斜刻线作为边饰(图十二)[8]。杭州半山石塘 D24T1M1 出土的第 935、941 号龙凤纹玉剑饰[9],可见密集鳞纹、分段水波纹(图十三),长凤尾中的斜线纹和间隔两凤的分段密集纹都显现了这一特点。无锡鸿山越国贵族墓出土的蛇凤纹带钩、兔形佩等玉器中[10]也能见到这样的装饰风格,它给人在视觉上产生了疏密变化、丰富多样的效果。

图二 图三

图四

图五

图六，1

图六，2

图七

图八

3. 象生纹饰

在越国玉石器中，动物形象常常以写实性手法来表现。例如鸿山越国贵族墓中出土有两件奔跑状兔形佩，一伸一缩的运动状态表现得淋漓尽致。绍兴民间也藏有一对类似的石质兔形器（图二十），杭州半山小溪坞M1：5鸡骨白挂件也表现为奔跑的兽状，这些都对我们认识越国象生玉器有所帮助。鸿山越国贵族墓出土的三件凤形佩，不仅爪、首、翼及羽毛写实，而且捕捉到了其在起飞过程中欲起欲落的瞬间。笔者在绍兴考察时，见过一对石质的立体鸟形器（图十五），鸟身羽毛也用阴刻线一片片刻划出，尾部羽毛一为树叶形，一为斜直线，有人认为可能是表现公母性别的不同，这种说法，也未必没有道理。对蛇、龙的形象刻划也常常表现出比较写实的倾向，龙的鳞片以及凤的羽毛，一丝不苟，片片写实，形象圆浑。

4. 蛇形纹饰

蛇纹中，身躯的造型摄取自然界蛇的特征，有写实倾向，蛇的眼睛较多用橄榄形，常常出现两条蛇交叠、缠绕的图案。无锡鸿山越国贵族墓出土的悬鼓座WHDVIIM1：1011 [11]，上部有6条堆塑的双头蛇，两蛇身布鳞纹，腹部相交。同墓出土的陶盘蛇玲珑球形器，由八条蛇盘成圆圈，蛇呈口尾相衔状。又有蛇凤纹带钩，四蛇交织 [12]。它们是反映了繁衍生息的理念，还是阴阳相交的自然观？亦或如《吴越春秋》所载阖闾元年（前515）伍子胥受命建造姑苏大城，"欲东并大越，越在东南，故立蛇门，以制敌国。吴在辰，其位龙也，故小城南门上反羽为两鲵鲩，以象龙角。越在巳地，其位蛇也，故南大门上有木蛇，北向首内，示越属于吴也" [13]？还是越人常在水中，文身断发，以避蛟龙之害之意？这些富有神秘色彩的纹饰，常常引人深思。

5. 鸟虫书纹样

杭州半山石塘D24T1M1出土的5件石剑格上，刻写着鸟虫书铭文"越王"。其娴熟而随意的笔道，刻痕较浅的线条，变化不定的排列，具有明显的装饰意义。这种用文字作装饰的情况，大多使用在兵器和礼器上（图十六 [14]、十七 [15]），这使我们联想到越国青铜兵器上常见的文字装饰特征，可能是器

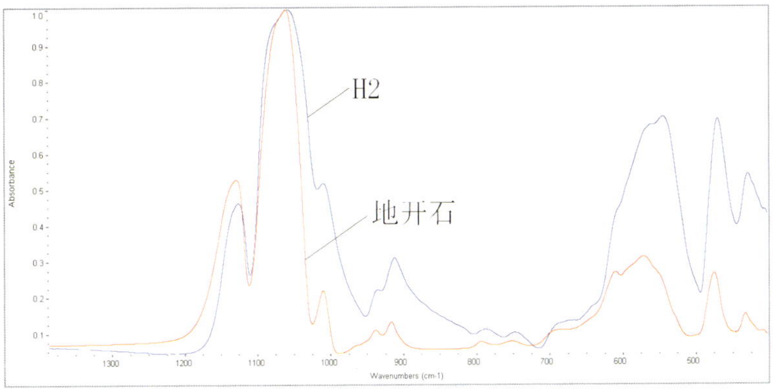

图九 绍兴收藏石质盘红外光谱图

图十，1

图十，3

图十，2

主希望显赫族氏的表现。

6. 简化或合并纹饰

这一类玉石器，在图案安排上常常把一种动物用简化或合并的处理方式来表现某一种意思，如一首双身或一身双首的蛇或龙纹（图十八[16]、十九[17]）。简化了动物的某一部位，如杭州半山石塘小溪坞M1出土的881号鸡骨白龙形挂件，用阴刻纹刻出一相对的简化龙纹，橄榄形眼，龙身用分段鳞纹和分段斜格纹装饰，边饰也用分段斜格纹。两种动物合为一体，常常能在纹饰中体会到龙凤的合体现象（图二十[18]），这样的纹饰多有率简含蓄之感。

三　越国玉石器的工艺特征

1. 精致缜密的制作工艺

东阳六石出土了数千件春秋时期的玉饰品，这些文物的器形有臂环、璜、觿、玦、环、管、珠、条、剑格、剑首、月牙形饰、璜形饰、璜形花牙饰、拱形条饰、菱角形饰等。其中小管直径仅约1毫米粗细，小珠的体积小于1毫米，另外还有一部分半成

品和玉料。这些器物不仅品种繁多，器类丰富，并且在工艺上也反映了越国制玉的特点。与同时期中原的玉雕工艺相比较，越国的制玉优势不在于表面花纹的修饰，而在于制作工艺的精密性上。那些小管、珠子虽光素无纹，却轮廓坚挺，让人难以想像1毫米大小的钻孔技术是怎样完成的。

东阳六石出土的石樽，素面，但工艺精致，表面磨光平整，器型轮廓坚挺，起棱规则。为了加强器物的密封度，在盖、耳之间设有可活动的嵌入式双耳，耳有小孔，可与盖插连（图二十一）。其设计工艺非常精心和细致，反映了越国人精工细作的实事精神。另外，有一种斜钻似牛鼻的孔，与跨湖桥遗址出土的玉璜（图二十二）上的穿孔技术似有承续关系。

2. 牌状透雕工艺

所谓的牌状透雕，器物往往为扁平状。纹饰率简，采用拉丝透雕的工艺，透雕的内壁垂直，由于不再进行打磨，所以可观察到不均匀的拉丝痕迹。杭州半山石塘小溪坞M1出土的881号鸡骨白龙形挂件、

图十一

图十六

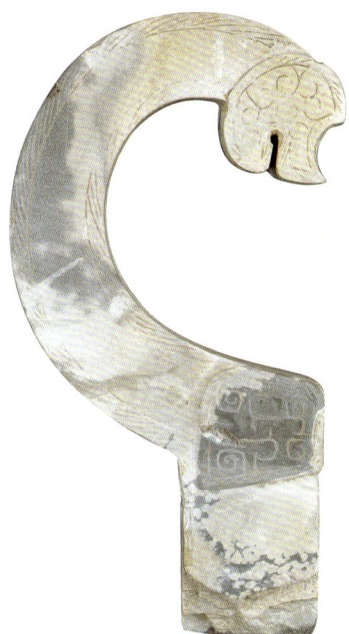

图十二

图十七

图十八

图十四

图十九

图十五

图二十

图十三，3

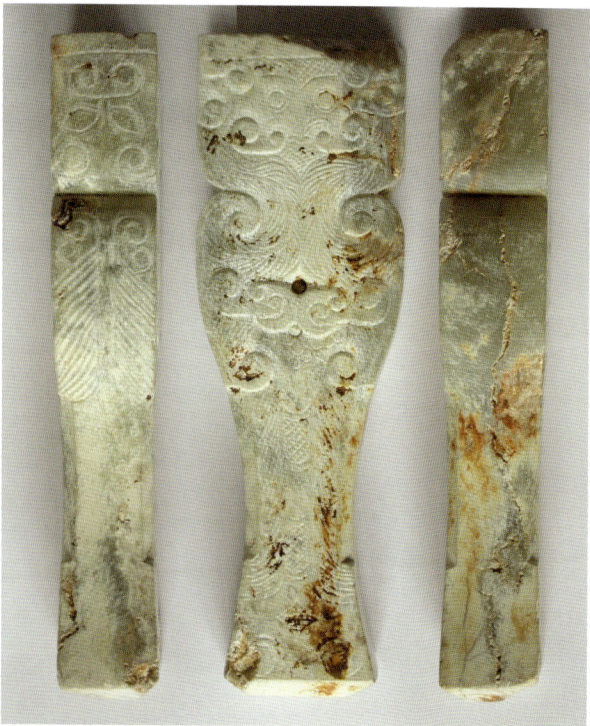

图十三，4

图十三，1

图十三，2

873号鸡骨白透雕龙兽纹挂件（图二十三，封面）上，透雕拉丝痕迹不到1毫米，这两件材质均为软玉，反映了牌状透雕的工艺特色。在东阳六石镇出土的玉饰中，此种工艺也表现得非常突出（图二十四）。

3. 粘合技术的使用

考察春秋战国时期的昌化石文物，存在着大量使用粘合技术的情况。在浙江东阳六石镇出土的石樽中发现，底部边缘一侧，有一条明显的因残缺而后补上一块的痕迹（图二十五）。在两颗石珠上，有同样的平切面，可能也是粘补的痕迹。在一种体形较小的扁方形饰、小型孔雀石腰鼓形管或珠上都发现了粘合而成的痕迹。另外，在一些绍兴出土的随葬兵器上也经常能见到粘合的情况（图二十六）。从实物分析，粘合技术主要用于接拼材料，或制作较大的器物，或修补材料的残缺，往往接拼后再进行雕琢制作。这些特有的工艺程序和特点，都为研究越国手工艺技术，提供了十分重要的资料。

4. 色彩的搭配和镶嵌

越人喜在铜器上镶嵌绿松石，在玉石器上也采用这样的装饰手法，如他们在昌化石的剑格上往往饰以兽面纹或文字，且兽面纹大都采用深雕，用来镶嵌绿松石（图二十七）。有的石质透莹如玉，或如牛角冻，嵌上绿色的宝石，富丽堂皇，精美绝伦。越人还利用玉石天然的不同色彩来相互搭配，如一绍兴所出的剑首（图二十八），用两种不同颜色的材

图二十一，1

图二十一，2

图二十二，1

图二十二，2

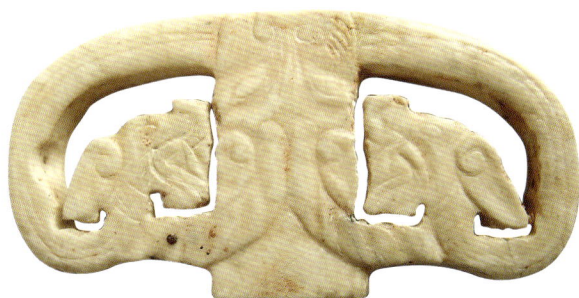

图二十三

图二十四

图二十五，1

图二十五，2

图二十六, 1

图二十六, 2

图二十七

图二十八

图二十九

料搭配、镶嵌而成，显示出富贵的气息。东阳六石镇出土的石樽，素面，盖、耳之间嵌入的可活动的双耳，即用不同颜色的石料做成。这样的制作工艺，反映了创作者的艺术综合素质。

5. 加工程序

杭州半山石塘 D19T1T2M1 出土的 950 号昌化石涡纹璧则反映了加工工艺及流程：先把料开出片块，中间钻出圆孔，切外璧成圆，再在璧面上用"米"字线拉出乳钉纹位置，使用钝锋砣减地隐起乳钉，最后打磨表面，用阴线刻出涡纹。因此，整器表面平整自然，乳钉纹过渡委婉，排列次序清楚可见，阴线涡纹清晰（图二十九）。

据浙江省文物考古研究所陈元甫先生观察，在东阳市六石镇出土的玉饰器物中，玛瑙、水晶饰件，先成型，打磨光滑后，再钻孔；孔雀石块，先将较厚实的块料钻孔、切口、打磨成型后，再切割分件；大量微细扁薄的玉质和孔雀石质的环，利用先加工好的圆管，一片片切割而成；而实心圆条形玛瑙料两端所呈现的高低不平的断裂痕迹，表明采取了敲砸的成型方法[19]。这些制作程序，也反映了越国制玉的加工习惯。

四 相关问题的思考

1. 昌化石的使用年代和应用范围

考古资料表明，战国时期昌化石文物的出土比较多见，尤其是浙江地区的绍兴、东阳、安吉、余杭、杭州、萧山等地。例如，东阳歌山镇王村光村西周至春秋土墩墓群中出土了石质的管、珠，东阳六石镇春秋墓出土玉石器近 3000 件（组）。这些玉石大多就地取材，有玛瑙、水晶、萤石、孔雀石等，其中有琉璃器，也有昌化石质文物。另外，在江西、江苏等地也发现有早期昌化石文物。

我们在江南水乡博物馆的馆藏玉器中观察到，在良渚墓葬出土的玉器中有一些石质的文物，色黄绿，有的有褐斑，经红外光谱测试为伊利石类矿物，矿物成分与杭州半山出土的伊利石类器物属一种类型（图三十）。因此，石之美者为玉，我们认为，早在有越以前的新石器时代，昌化石可能已经成为雕琢

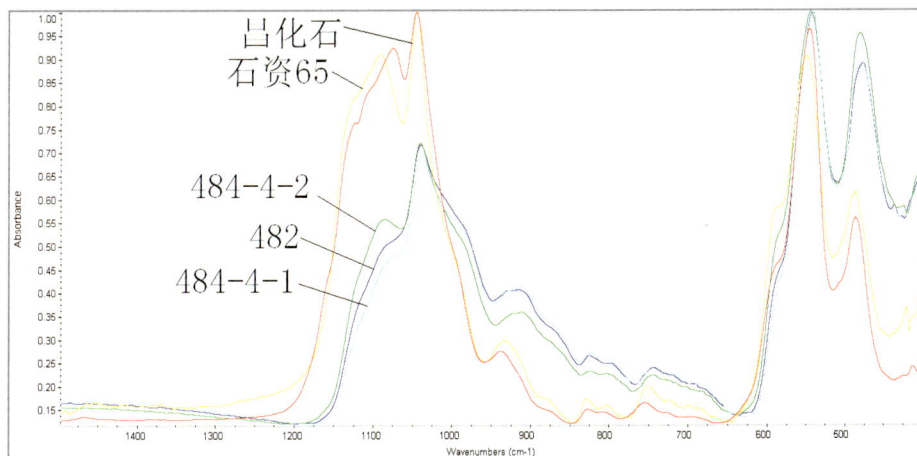

图三十 江南水乡博物馆样品对比

用材（表一）。

2. 关于河北省平山县中山国墓出土玉石器的问题

杭州半山石塘 D13T1M2 出土的 966 号昌化石云龙剑鞘的龙蛇纹饰与河北省平山县中山国墓出土玉版上的龙蛇纹十分相像[20]，引起笔者的注意，并提出问题：其材质是否相同？两国之间会有怎么样的联系？带着问题笔者曾赴冀进行考察。在河北省文物研究所看到了中山国的出土文物，其中有些器物使我们感到非常兴奋：1 号墓中有一件素面璧，器薄，光照之半透明，带有花斑，灰略带青色，质带石英，有蜂窝点。笔者细观，似有相识之感，认为其质可能是昌化石，此件有墨书"赳子"[21]（图三十一）。3号墓出土的玉版（图三十二），其上的龙蛇纹与杭州半山石塘 D13T1M2 出土的 966 号昌化石云龙剑鞘的纹饰非常相似，其色深灰，有花斑，质带石英，笔者感觉其质为昌化石的可能性也很大。并且，版可拼接，有认为是棋盘，笔者立刻联想到在绍兴民间收藏中见到的类似现代跳棋的器物。另外还有一些书有"集玉"、"集它玉"墨书的玉环，该研究所称其为"它玉"类器物，若能对此类器物的质地进行科学测定，将有很重要的意义。笔者认为，中山国出土玉石器的材质丰富，是研究古代各地之间文化交流的重要资料。

3. 关于玉龙凤纹剑饰的问题

杭州半山石塘 D24T1M1 出土的 935、941 号玉龙凤纹剑饰，此件虽分为两部分，剑格雕龙纹，剑柄雕凤纹。之所以把此件器物定名为剑饰有以下理

图三十一

图三十二，1

图三十二，2

图三十二，3

表一

1	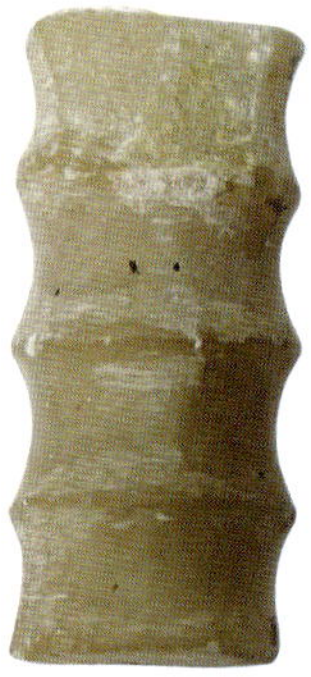	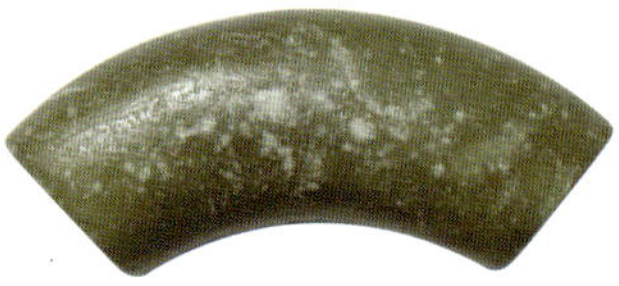	左图为杭州半山出土的战国伊利石管，右图为跨湖桥遗址出土玉璜
2			左图为杭州半山出土的战国伊利石管，右图为良渚出土的伊利石璧
3	 	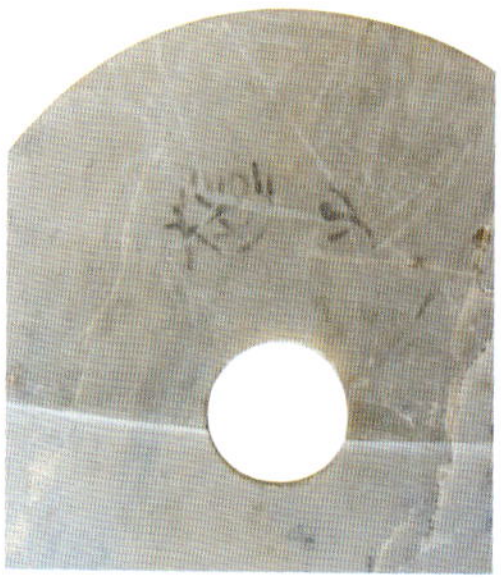	左图为杭州半山出土的昌化石剑鞘和十倍放大图，右图为中山国墓出土墨书玉璧
4		 	左图为杭州半山出土的昌化石剑饰，右图为东阳六石出土玉樽和饰件

由：（1）从现存的出土资料来看，器物位置在墓主人的右侧（腰间）。（2）器物由柄和格组成，两者之间有相符合的榫卯结构（图十三，4），是不可分割的组合。（3）器物虽然纹饰繁密，但却是一件未成品，柄的一部分纹饰还没有全部完成，整件器物未经打磨，给人以匆匆了事之感。从出土状况观察，除玉剑饰外未见有剑，也没有金属沁污玉饰的痕迹，可能为木剑玉饰。同样的情况又如同 D13T1M2 出土的 966 号昌化石云龙剑鞘，整件器物的完整和未有沁污痕迹，让我们考虑到存在使用木或竹剑的可能性，这一情况反映了当地的丧葬习俗。值得一提的是，此件玉器色淡绿，质地为软玉，但笔者认为它与和田玉有明显的区别，且与无锡鸿山越国大墓出土的一部分淡绿的玉质比较相像，是否为本地所出之玉？曾与南京博物院的陆建芳先生谈起过此事，他同意这个观点，并提议是否可称其为粉青玉。

可能早在新石器时代我们的祖先已经选择性地使用了昌化石制作各种饰品和器具。到了社会大变革的战国时期，各国对峙，诸侯争霸，多种地方文化互相竞争，共同繁荣。玉器工艺的发展和流传，正反映了这一历史情况。目前学术界已对春秋战国时期玉器的断代有了丰富的经验，但对各国在玉器工艺上反映的社会文化特征，还有待于进一步的研究。本文通过对昌化石材质的确定，从而进行越国玉石工艺特征的探索。

注 释

[1][3] 《中国地方志集成·浙江府县志辑·民国昌化志》卷一《舆地》，上海书店，1993 年，第 712 页。

[2] 《重修浙江通志稿》第 24 册《物产·浙江矿产之种类及其分布》第四章《印章石》，第 82 页。浙江图书馆内部资料。

[4] 伊利石又称水白云母或水云母，是一种层状钾硅酸盐云母类粘土矿物，与绢云母极其相似，很难区别，需要进一步的工作加以证实。

[5] 洪丽娅：《杭州半山战国墓出土玉石器材质研究》，《东方博物》第 23 辑，浙江大学出版社，2007 年。本文提到但未配照片的杭州半山出土器物，多数可查阅此文。

[6] 浙江省文物考古研究所、东阳市博物馆：《浙江东阳前山越国贵族墓》，《文物》2008 年第 7 期。

[7] 本文所用的红外光谱图均由上海应用技术学院刘卫东博士检测并提供。

[8] 浙江省文物研究考古所、绍兴县文物保护管理局：《印山越王陵》，文物出版社，2002 年，图版 35-38。浙江省博物馆编：《越魂》，浙江人民美术出版社，2004 年，第 92、93、98 页，图片引自此书。

[9] 935 号器物在《东方博物》第 24 辑第 64 页"材质表"上曾记作"神兽纹剑饰"。

[10] 南京博物院、江苏省考古研究所、无锡市锡山区文物管理委员会：《鸿山越墓出土玉器》，文物出版社，2007 年，第 14、82、90 页。

[11] 南京博物院、江苏省考古研究所、无锡市锡山区文物管理委员会：《鸿山越墓出土乐器》，文物出版社，2007 年，第 128、129 页。

[12] 南京博物院考古研究所、无锡市锡山区文物管理委员会：《无锡鸿山越国贵族墓发掘简报》，《文物》2006 年第 1 期。

[13] 《吴越春秋·卷四·阖闾内传第四》，《吴越春秋校注》，岳麓书社，2006 年，第 56 页。

[14][15][17] 绍兴民间收藏器物。

[16] 杭州历史博物馆曾征集越国玉带钩一件，上为一头双身蛇纹。

[18] 杭州历史博物馆征集文物。

[19] 陈元甫：《浙江东阳发现大型越国贵族幕》，《文物天地》2007 年第 6 期。

[20] 《中国出土玉器全集》第 1 卷，第 177 页。本文用图引自此书。

[21] 《出土玉器鉴定与研究》，紫禁城出版社，2001 年，第 13 页。

东阳南寺塔出土北宋经函中的彩绘乐舞及相关问题

俞珊瑛（浙江省博物馆　310007）

【摘要】1963年，在东阳南寺塔内发掘清理出一件北宋建隆二年（961）的贴金彩绘石雕经函。经函须弥座上所绘之10人乐舞图，与唐代以来佛教的净土思想有关。此类乐舞在北宋中原地区的佛寺中十分盛行，于11世纪中叶之前北传至辽地，并对11世纪末宋、辽墓葬中"散乐"图的大量出现产生重要之影响。

【关键词】南寺塔　经函　乐舞　净土　散乐

一　经函内容

1963 年，浙江东阳市南寺内的古塔倒塌，在现场发掘清理出一件贴金彩绘石雕经函。南寺即中兴寺，据《东阳康熙志》载："中兴寺在六十四都，南渡初，中训郎公藻奉敕居此，故俗亦称南寺。"中兴寺在北宋时期得到很大发展，南寺塔则始建于北宋建隆元年（960），于建隆三年（962）竣工，历经一千余年，在 1963 年倒塌[1]。

该石雕经函通高 23 厘米，函身长 33、宽 17.2 厘米，座长 37、宽 23.4 厘米。函呈长方形，分盖、身两部分，子母口，下束腰须弥座。通体浮雕，墨笔勾勒，敷彩贴金。盖呈盝顶形，其内部中央阴刻"建隆二年（961）辛酉岁九月二十五日勾当塔弟子军将葛仁耿弟人吏葛仁绍造并经永充供养"二行楷书题记[2]。出土时，经函内珍藏手抄本《妙法莲华经》七卷，现藏浙江省博物馆（图一）。

经函盖饰团花、牡丹、飞天、莲蓬、球路纹、菱形网格纹等。飞天手托果盘，其形象于唐、五代时期的敦煌壁画中十分常见。此外浙江湖州五代飞英

塔出土的黑漆木胎嵌螺钿经函上，其函盖板上就饰有佛像、羽人、飞天形象[3]；又杭州六和塔南宋时期的台座砖雕上，也发现有手持乐器或献果盘的飞仙[4]，等等。

函身四壁彩绘僧人取经、立塔供奉故事，僧人或牵或骑白马，应典出白马驮经故事。《洛阳伽蓝记》云："白马寺，汉明帝所立也。佛入中国之始，寺在西阳门外三里，御道南……遣使向西域求之，乃得经像焉。时白马负经而来，因以为名。"[5]函身边壁上又绘由三白象运经入城，白象本为佛教祥瑞，与佛教有特殊之渊源。函身尚彩绘有二仙鹤展翅，其上有祥云，属祥瑞之兆（图二，1）。案云鹤入画于唐代武则天时期开始盛行，当时薛稷画鹤堪称一绝，其"画鹤知名，屏风六扇鹤样，直稷始也"[6]。且云鹤之盛行与道教密切相关，如五代雷锋塔地宫出土线刻铜镜上也有仙鹤、祥云，便含有死后进入天堂之意[7]。又河北曲阳五代王处直墓（924）所绘屏风云鹤达 8 幅之多，其前室东壁南侧之云鹤图（图二，2），所绘鹤之动作、神态、布局等，都与南寺塔经

图一　东阳南寺塔出土的石雕彩绘经函

图二，1　南寺塔经函云鹤图　　　　图二，2　河北曲阳五代王处直墓室东壁云鹤图

函之鹤极其相似[8]。至宋人的文献中，云鹤又与佛教相关。据成书于南宋的《吴郡志·异闻》载，南朝梁时，昆山临江乡有一寺，当地人于此处掘地得一巨石，此后便常有一对白鹤停集其上。时僧人德齐认为"白鹤栖息，有仙禽佛地之兆"，于是向人募化建寺立佛，寺成白鹤便南翔而去，其石上忽现"白鹤南翔去不归，惟留空迹在名基"等诗句，因以名寺南翔[9]。俨然也是佛教祥瑞。

石雕经函内藏之《妙法莲华经》，并作为"永充供养"之物。又据塔中同出的《婺州东场县中兴寺新砖塔舍利记》碑文所云："……便于塔下掘得舍利，分四十九粒入天台赤城山砖塔……建隆元年庚申岁，天台国师德韶罄舍资金，鼎新构砌。寺有僧文捷、敬温、敬超匡信师德，并近居檀越葛仁□郑□金晖□□同力募缘，结兹砖塔□□□□□分一粒缄在第三层□□□□□□□□□福矣……"[10]可知中兴寺将从赤城山砖塔分得的一粒舍利供奉在于建隆元年（960）开始营造的新砖塔的第三层中。则在建隆二年（961）所造、并作佛塔供养之物的石雕经函，其四壁彩绘之内容，与此次建寺立塔，并供奉佛经、赤城山砖塔舍利之事，正相呼应。

二　须弥座乐舞

石雕经函须弥座前后为10人乐舞队，其中乐工9人，各持乐器，一人着红袍独舞，10人皆坐在莲花座上（图三、四）。底部有四力士分坐四角，肩负函身。

乐人所持乐器，图三左起，其第一人吹笙。笙为中原旧有乐器，大的叫竽，小的为笙，在隋唐时期常用，是清乐中的主要乐器之一，且在燕乐及胡乐如龟兹、高昌、高丽乐部中皆有。

第二人持杖击大鼓。一般人数较多的乐队都有鼓，且位置常常排在前面，打鼓的人往往兼作指挥。

第三人吹筚篥。筚篥是唐代胡乐中的主要乐器之一，又名悲篥、笳管。《通典》卷一百四十四"竹八"："筚篥本名悲篥，出于胡中，声悲。或云儒者相传，胡人吹角以惊马。一名笳管，以芦为首，竹为管。"[11]陈旸《乐书》卷一百三十："筚篥一名悲篥，一名笳管，羌胡、龟兹之乐也……至今鼓吹教坊用之，以为头管。"[12]

第四人持拍板。拍板为节乐之器，是胡乐。《文献通考》卷一百三十九"木之属俗部"有大拍板、小拍板之分："拍版长阔如手，重大者九版，小者六版，以韦编之，胡部以为乐节。"[13]《乐书》卷一百三十二："圣朝教坊所用六版，长□寸，上锐薄二下圆厚，以檀若桑木为之。"[14]此处所用拍板为六板，应属小拍板。

第五人身着红袍，头戴莲花冠，作双袖甩动状，独舞。

图四左起，其第一人持杖击腰鼓。其鼓两头粗、中间细，两头并有红色绶带，系在腰间用两杖拍打，也叫"带鼓"，唐代还有"正鼓"和"和鼓"等名目。《文献通考》卷一百三十五"乐考八"："腰鼓之制，大者瓦，小者木，皆广首纤腹。"[15]腰鼓在唐代清乐

图三　东阳南寺塔经函须弥座上的乐舞之一

中经常使用，也是龟兹部乐中的重要乐器之一。

第二人吹排箫。由竹管依次排列夹在木框里制成，也叫"比竹"或"籁"，为中国原有乐器，但各种胡乐中均有。竹管的数目各不相同，多者20余管，少者16管。此处排箫成矩形状，这也是唐代以来的常见样式。

第三人吹横笛。笛也称羌笛，有竖笛和横笛，是从西域传来的。横笛为清乐主要乐器，在龟兹乐器中也占有相当重要的地位。

第四人画面模糊，所用乐器不详，但观其姿势，似与第三人相同，也为吹横笛。

第五人双手持铜钹。铜钹为和乐之器，是胡部乐中最重要的金属乐器之一。《通典》卷一百四十四"金一"："铜钹，亦谓之铜盘，出西戎及南蛮。其圆数寸，隐起如浮沤，贯之以韦，相击以和乐也。"[16]《文献通考》卷一百三十四"金之属胡部"："唐之燕乐清曲有铜钹相和之乐，今浮屠氏清曲用之，盖出于夷音也。""唐胡部合诸乐，击小铜钹子合曲。西凉部、天竺部、龟兹部、安国部、康国亦用之。"[17]

则须弥座所绘之乐，皆属胡乐，而乐舞的性质，据题记可知为佛寺供养之伎乐。从此队伎乐的规模及

演出的状况来看，其表现的内容应该与佛教的净土宗思想有关。净土宗自东晋慧远初始，至唐代善导创立，所依经典有《无量寿经》、《观无量寿经》、《阿弥陀经》和《往生论》等，为专修往生阿弥陀佛法门，以期往生西方极乐世界。意在表现净土世界的伎乐壁画，即西方三圣或曰西方变、净土变等，早在唐代初期便颇为流行，如敦煌莫高窟第220窟乐舞图，其北壁绘《药师净土变》，中间舞伎4人，左侧15人乐队，所奏乐器有羯鼓、毛员鼓、拍板、横笛、尺八、筚篥、笙、贝等，右侧13人奏腰鼓、都昙鼓、拍板、方响、横笛、筚篥、排箫、筝等（图五）[18]。盛唐时期乐舞图乐器的数量和品种更是达到了空前的规模，如莫高窟第148窟东壁南侧《观无量寿经变图》，中央主殿前的主坛上为西方三圣及众菩萨，前面舞台中间2人对舞，左边15人乐队，乐器有方响、箜篌、筝、琵琶、笙、筚篥、羯鼓、答腊鼓、排箫、铜钹等，右边14人奏琵琶、箜篌、笙、横笛、拍板、筚篥、细腰鼓等[19]。中晚唐时期规模渐小，以独舞、双人舞为常见；伴奏乐队规模大为缩减，多四四、七七、八八之数等。如莫高窟第112窟南壁《金刚经变》中，中央佛前方毯上，一人独舞，左右乐队各4人，各持贝、尺八、拍板、

图四　东阳南寺塔经函须弥座上的乐舞之二

图五　敦煌莫高窟第220窟《药师净土变》壁画　1.左侧　2.右侧

篳篥、箜篌、笙、琵琶、鼓等乐器[20]。又如河南安阳灵泉寺中唐时期双塔的塔基四壁上，镶嵌有两组8人乐舞石雕，其中各有1人为舞者。东塔乐队为篳篥、铜钹、横笛、笙、腰鼓、排箫、琵琶，西塔有拍板、排箫、横笛、笙、箜篌、琵琶、腰鼓[21]。据《佛说阿弥陀佛经》卷下所云，佛为阿难显现阿弥陀佛所居国时，阿弥陀佛国大放光明，"钟鼓琴瑟箜篌乐器，诸伎不鼓皆自作音声……当是之时，莫不欢喜得过度者。则时尔日，诸佛国中诸天人莫不持天上华香来下，于虚空中悉皆供养散诸佛及无量清净佛上。诸天各共大作万种自然伎乐，乐诸佛及诸菩萨阿罗汉。当是之时，甚快乐不可言"[22]。《观世音菩萨授记经》载观世音与众菩萨化作四十亿庄严宝台，"其宝台上，种种杂色，斑斓炜晔，清净照耀。诸宝台上，有化玉女八万四千。或执箜篌、琴、瑟、筝、笛、琵琶、鼓、贝，如是无量众宝乐器，奏微妙音，俨然而住"[23]。则此种乐舞实为佛教净土之音声供养传统。

因此南寺塔经函彩绘之乐舞，内容为表现西方之净土世界，而其表演之程式，则渊源于唐代。净土宗自唐初创立后，在中原地区盛行，从中后期以来，净土宗的祖师基本集中于江南吴越一带，尤其密集于浙江。唐末五代时期活动于浙江的永明延寿，是禅宗法眼宗创始人文益的再传弟子，又被尊为净土宗六祖，为钱俶礼遇有加，对吴越国佛教有深刻之影响。浙江出土的一些文物，如1956年温州龙泉金沙寺华严塔出土的五代时期《佛说阿弥陀经》及表现西方三圣极乐世界的变相[24]，又1987年台州黄岩灵石寺塔出土的北宋初期的释迦佛及弟子、四大天王线刻铜镜等[25]，无不说明当时浙江是净土宗极兴盛、发达之地。

三　分布与传播

佛寺发现的表现西方净土世界的乐舞彩绘或石雕，目前所见时代较早的是在河南安阳灵泉寺中唐时期双塔的塔基四壁上。此外在北宋中原地区最多见，1977年郑州开元寺旧塔基在清理地宫时，出土一具石棺，四面浮雕释迦牟尼涅槃、十弟子送葬图。其底部须弥座上，莲花柱间的壶门内，雕有11个伎乐人，各奏横笛、筚篥、腰鼓、方响、排箫、箜篌、笙、琵琶、筝、铜钹、拍板。四角柱上有8个力士，作负棺状（图六）[26]。据盖上题记，为北宋开宝九年（976）。1969年河北定县净众院出土一舍利塔塔基，其北壁绘释迦牟尼涅槃、十弟子送葬图，东、西壁彩绘戎装乐队，乐器有笙、拍板、排箫、鼓等[27]。此塔基为北宋至道元年（995）所建。此外河北正定隆兴寺大悲阁内北宋开宝四年（971）铜佛像的须弥座上，其柱间壶门内也雕有伎乐天；河南邓县福胜寺北宋天圣十年（1032）的塔身上，也镶嵌有佛砖、伎砖[28]（图七）[29]；等等。

辽地也颇多发现。1983年在天津独乐寺塔的拆除过程中，发现一座被包的辽塔，在基座的壶门内镶嵌有13个伎乐人物砖雕，伴奏乐器为琵琶、笙、横笛、拍板、毛员鼓、方响、筚篥、筝等，2人对舞（图八）[30]。建塔时间不晚于清宁四年（1058）。1977年北京房山县北郑村辽塔倒塌，其下塔基须弥座上，柱间的壶门内，雕有奏箜篌、琵琶、鼓、横笛等乐器和舞蹈的伎乐队[31]。其建筑时间不晚于1051年。在辽宁朝阳市北塔辽代塔基的须弥座上也发现有16人的伎乐队，都雕刻在柱间的壶门内，所持乐器有排箫、拍板、大鼓、筝、琵琶等，另束腰上有16人乐舞[32]。根据维修题记，大约在1044年前后。1975年河北固安县宝严寺塔地宫出土1件银鎏金佛舍利柜，柜身正背6面，正面中间一对护法神，左右饰持拍板、琵琶、排箫、笙之伎乐；背面中间2舞伎，左右击腰鼓、笛、筚篥、方响。右侧面各3乐伎，持腰鼓、扁鼓、琵琶，左侧面弹琴、吹笛与排箫[33]。舍利柜制于天会十二年（1134），按金代佛教多得自辽地，所以它实质上还是辽代的佛教传统。

可见北宋佛寺的伎乐，多盛行于早中期，这大约和当时净土宗的大力弘扬有关。继永明延寿之后，活跃于北宋早期的省常（959—1020）是弘扬净土教法最得力之高僧，被称为净土宗七祖，在信众中影

图七　河南邓县福胜寺宋塔伎乐砖之一

响很大，为净土法门之普及、净土信仰深入民间奠定了基础。辽地佛寺的伎乐都出现在11世纪中后期，我们可以推测至迟在11世纪中叶之前，已由中原地区北传到了辽地。它何以会传入辽地呢？这应该和辽地崇信佛教的传统有关。辽地本无佛教，其佛教信奉始于耶律阿保机时期，天显二年（927）他率军攻陷了信奉佛教的女真族渤海部，迁徙当地的僧人到都城安置，从此佛教开始在辽地传播。但直到10世纪末，辽地的佛教发展还是十分有限的。在11世纪中叶之前，辽在位的两位皇帝，圣宗（982—1031在位）、兴宗（1031—1055在位）相继大力扶持佛教。圣宗除增建佛寺，施给寺院以土地和民户以外，还注意加强统治，使辽地佛教得到更大的发展。兴宗本人归依受戒，下令编刻《大藏经》，并常召名僧到宫廷说法，大大提高了佛教在社会上的地位，尚佛之风臻于极盛。这种背景为中原佛教的传入创造了极重要之条件。

那么中原地区的佛寺净土伎乐，又是通过何种途径进入辽地的呢？我们把前述北宋中原地区以及辽地发现有伎乐的佛寺地点在地图上标出，就可以得到这样一张分布图（图九）。从图上可知，北宋中原地区之伎乐佛寺，全部分布在连接南北之陆路交通线上，可见交通之便利于佛教之传播具有极重大之关系。中原地区最北的伎乐佛寺，在河北的定县、正定，隶属

图六　郑州开元寺宋代石棺十弟子送葬、伎乐图

图八　天津独乐寺辽塔伎乐砖（部分）

当时的真定府，即现在的河北省会石家庄附近。而辽地的佛寺，则最集中在南京析津府左右，即现在的北京附近。真定府与析津府隔着两国边界线，南北相对。五代以来，北宋与辽南北对峙，双方战事频仍。公元1004年，两国订立《澶渊之盟》，约定以易水、白沟河为界，罢兵和好。从此两国进入长达一百多年的和平时期，各种贸易活动也进入黄金时段，其中的主体形式，就是双方边境地区设置的"榷场"。澶渊结盟之前，宋、辽边贸榷场时开时禁，"契丹在太祖时，虽听沿边市易，而未有官署。太平兴国二年（977），始令镇、易、雄、霸、沧州，各置榷务，辇香药、犀象及茶与交易。后有范阳之师，罢不与通"；"景德（1004—1007）初，复通好，准商贾即新城贸易，诏北商赍物货至境上则许之。二年，令雄、霸州、安肃军置三榷场，北商趋他路者，勿与为市。遣都官员外郎孔揆等乘传诣三榷场，与转运使刘综，并所在长吏，

平互市物价，稍优其直予之。又于广信军置场，皆廷臣专掌，通判兼领焉……"[34] 结盟之后，四榷场一直开放不禁，两边贸易往来不绝。据官方记载，"河北榷场博买契丹羊，岁数万"，"公私岁费四十余万缗"[35]。民间之走私贸易也十分活跃，辽圣宗统和（983—1011）年间，"北人（辽人）或自海口载盐入界河，涉雄、霸入涿、易，边吏因循不能止"[36]。至11世纪中叶前后，已演变成一个较严重的社会问题，北宋皇祐三年（1051），"管勾国信所言：'至今通事、殿侍与契丹私相贸易，及漏泄机密来者，请以军法治'"[37]。走私者上有官员，下至平民，当时贸易交流之繁荣，可见一斑。雄州、霸州即今雄县、霸县，安肃军、广信军在今徐水、遂州境内，四榷场皆位于河北西北、宋辽边境线，即真定府与析津府之中间地带。当时的北京是燕南地区的经济中心和商贸集散地，为辽之南京，其"户口三十万。大内壮丽，城北有市，

图九 北宋、辽伎乐佛寺、
散乐图墓葬分布示意图

陆海百货聚丁其中。僧居佛寺，冠于北方。锦绣组绮，精绝天下。膏、蔬瓜、果实、稻梁之属，靡不毕出；而桑、柘、麻、麦，羊、猪、雉、兔，不问可知。水甘土厚，人多技艺"[38]。我们有理由相信，佛教之净土伎乐乃是随着当时的经济交流和贸易往来，大约在11世纪上半叶输入辽地的。

四 对散乐图的思考

11世纪末、12世纪初，在北宋中原地区和辽地的墓葬中，差不多同时开始出现大量的乐舞壁画或砖雕，此一传统甚至影响到金、元时期。如北宋河南禹县白沙赵大翁墓（1099）前室东壁画女乐11人，10人各持大鼓、拍板、腰鼓、横笛、筚篥、笙、排箫、琵琶等乐器伴奏，正中一女子欠身扬袖作舞（图十）[39]。此外河南温县西关[40]、登封黑山沟[41]、安阳天禧镇[42]，山西平定[43]，河北井陉[44]等地的北宋晚期墓中，都有发现。辽地所见主要分布在河北、辽宁、山西等地，如河北宣化辽墓群中，1号、4-7号、9号和10号墓（约1093—1117）均各有乐舞图。其中M7（1093）前室西壁伎乐图绘6个乐人，分奏笙、横笛、筚篥、拍板、大鼓和腰鼓，前方一少年女子独舞（图十一）[45]。辽宁翁牛特旗解放营子辽代晚期墓出土有宴饮图所用8人伎乐壁画[46]，山西大同北郊卧虎湾二号辽天庆九年（1119）墓东壁也绘有12人伎乐图及车马出行图[47]等。就考古发现的资料来看，其乐舞表演人数不等，少则三四、多则十二三人。器乐组合有大鼓、拍板、腰鼓、横笛、筚篥、笙、排箫、琵琶，笙、横笛、筚篥、拍板、大鼓、腰鼓，腰鼓、拍板、筚篥等。可见它有较大的灵活性，可按照实际情况随时增减表演人数

图十　河南禹县宋赵大翁墓壁画　1.夫妇饮宴　2.散乐图

与所奏之器乐。其中宋以鼓、拍板等最为重要，辽则以觱篥为主要之乐器，演出时必不可少。

学术界一般将这种有1人或2人舞蹈，伴奏有各种乐器的乐舞称作"散乐"。"散乐"一词最早出现在周代，《周礼·春官》："旄人掌教舞散乐，舞夷乐。"郑玄注："散乐，野人为乐之善者，若今黄门倡矣。"系指民间乐舞，在隋代以前与百戏同义。汉代以后融入众多胡乐，《通典·乐六》"散乐"条："大抵散乐杂戏多幻术，皆出西域，始于善幻人至中国。"[48]唐代散乐成独立之乐部，于民间十分盛行，官方则隶属教坊，规模更盛。宋代散乐在民间演出十分频繁，《梦粱录》卷二十云："又有杂扮，或曰'杂班'，又名'纽元子'，又谓之'拔和'，即杂剧之后散段也……皆用融和坊、新街及下瓦子等处散乐家，女童装末，加以弦索赚曲，祗应而已。"[49]又周煇《清波杂志校注》卷四"张芸叟迁谪"条云："芸叟迁流远谪，历时三，涉水六，过州十有五。自汴抵郴，所至流连……抵暮回，属营妓数人同舟，宛转趋赏心亭。未至，闻亭上有散乐声。"[50]《辽史·乐志》载："今之散乐，俳优歌舞杂进，往往汉乐府之遗声……散乐器觱篥、箫、笛、笙、琵琶、五弦、箜篌、筝、方响、杖鼓、第二鼓、第三鼓、腰鼓、大鼓、鞚、拍板。"[51]

关于"散乐图"在墓葬中大量出现之原因，学者们多认为与当时商业经济之繁荣，以及市井娱乐文化之发达有关。这诚然是当时社会的一个重要现象，但笔者以为其中最深刻之影响，实仰赖于佛教

的广泛传播以及在民间信仰的普及。我们先来比较一下佛寺之伎乐与墓葬出土之散乐图，两者无论是在表演形式、伴奏器乐之组合上，还是在演出人数的随意性上，都惊人地相似。北宋散乐之出土地点，禹县、温县、登封等都在河南北部，扇形分布在北宋中心城市开封以及郑州周围，井陉在石家庄附近，平定也离它不远。因此如图九所示，北宋散乐与伎乐佛寺的地点基本一致，即最集中在河南郑州—开封、安阳、河北石家庄以及周边地区[52]。这应该不是一个偶然的巧合。据与散乐同出的买地券的记载，以及墓葬的规格、形制，我们可以推知墓主人之身份，既不是官员，也不是一般的文人，而是经营工商业者，如白沙赵大翁、登封李守贵等，都是通过经商致富的。而且有种种迹象表明他们似乎普遍信奉佛教[53]。佛教一开始就与商业密切相关，它从印度传入中国之途径，无论是陆路还是水路，全是当

图十一　河北宣化辽M7散乐壁画

时最兴盛的商道。中世纪在中土传播佛教最得力的，除了僧尼之外，还有大批经商的胡人。佛教深受工商业者欢迎，究其根本在于它追求的文明（财富）、身体健康、心灵幸福、生死等问题，与商人的目标一致[54]。

辽地散乐主要在宣化、北京一带，尤其密集于宣化。宣化地处北京通往辽上京的战略要地，受北京地区文化的深刻影响。辽宁、山西大同等地，也都是当时的佛教兴盛区域。其墓葬主人同样多信奉佛教，大同卧虎湾辽墓同时出土有众多佛教文物，宣化张文藻家族都是虔诚的佛教信徒。辽地天台宗、密宗都十分盛行，民间尤以净土宗最受欢迎，因其教义简单、修行简便之故，而称名念佛、求得死后往生净土遂成为当时最通行之修行法门。在考古发现中，日常的备经、诵经场面十分多见。如宣化张氏墓后室东壁的备经图，绘两个侍者为墓主人准备诵读佛经，二人之前的桌上放有《金刚般若经》和《常清净经》[55]，又内蒙古赤峰宝山2号辽墓石房北壁也绘有诵经图[56]等。

宋、辽墓葬中出土的散乐图，都不是单独的存在，如白沙1号墓前室东壁乐舞图正对西壁夫妇饮宴图，宣化辽墓前室散乐图中伎乐人物一概面向后室墓主人等，则两者应该合看。墓葬作为一个特殊的空间，营造的是另外一个世界。它所要表现的内容，绝不仅仅只是反映阳间夫妇"开芳宴"的日常生活，更多的应该是出于祭祀或酬神的考量，力图呈现死后的吉祥世界，构成一种祭供死者的礼仪性虚拟空间[57]，其宗教上的含义要大于现实意义。散乐图中的人物身着彩袍，头戴花冠，颜色鲜亮，气氛生动喜庆。它所追求的目的，应该是在乐舞的演奏声中，使得墓主人死后的亡灵得到接引，从而升天到达彼岸极乐世界。这点在辽宁法库叶茂台辽墓出土的一具石棺上表现的十分明显。石棺四壁分刻青龙、白虎、朱雀、玄武四神，前刻妇人启门，旁有执横笛、拍板、排箫、琵琶的四人散乐工及二孩童，其门上立朱雀，旁有二飞天夹护[58]。朱雀立门、飞天接引的图像，正是要表现墓主人亡灵升天的场景，而此时乐部的功能便是送行。其理念与方法，和佛教通过伎乐音声供养表现出西方净土世界基本上是相同的。北宋、辽代自中期以后，佛教信仰深入民间，尤其净土思想依附密宗、禅宗等，在民间得到极大程度之普及。因此宋、辽之散乐图，在墓葬中大量之流行实与佛教信仰世俗化、民间化密切相关。

综上可知，散乐图实渊源于唐代以来佛教的净土伎乐，具有墓主人灵魂升天、往生西方极乐的象征性含义。它在宋、辽墓葬中得以大量流行，似有逐渐成为丧葬文化程式化的趋势。此外，散乐图在金、南宋时期的墓葬中也颇为流行，并特别集中于山西南部与四川地区。这涉及到朝代更迭、疆域变化及人口移动等相关问题。此点佚出本文之范围，不再赘述。

注 释

[1][10] 李祝尧、金锵：《中兴寺若干问题探究》，《东方博物》第20辑，浙江大学出版社，2006年。

[2]《浙江省博物馆典藏大系·东土佛光》，浙江古籍出版社，2008年，第175、176页。

[3] 湖州市飞英塔文物保护管理所：《湖州市飞英塔发现一批壁藏五代文物》，《文物》1994年第2期。

[4] 傅宏明：《六和塔南宋台座砖雕与＜营造法式＞》，《杭州文博》第4辑，杭州出版社，2006年。

[5] [北魏]杨炫之：《洛阳伽蓝记》，江苏广陵古籍刻印社，1997年。张宗祥校本。

[6] [唐]张彦远：《历代名画记》卷九。

[7] 扬之水：《雷锋塔地宫出土"光流素月"镜线刻画考》，《东方博物》第二十一辑，浙江大学出版社，2006年。

[8] 河北省文物研究所、保定市文物管理处：《五代王处直墓》，文物出版社，1998年，第16-18页。插图引自此书。

[9] [宋]范成大：《吴郡志·异闻》，江苏古籍出版社，1999年。

[11] [唐]杜佑：《通典》，岳麓书社，1995年，第1941页。

[12] [宋]陈旸：《乐书》卷一百三十，文渊阁《四库全书》本。

[13] [元]马端临：《文献通考》卷一百三十九，中华书局，1986年。

[14] [宋] 陈旸:《乐书》卷一百三十二,文渊阁《四库全书》本。

[15] [元] 马端临:《文献通考》卷一百三十五,中华书局,1986年。

[16] [唐] 杜佑:《通典》,岳麓书社,1995年,第1933页。

[17] [元] 马端临:《文献通考》卷一百三十四,中华书局,1986年。

[18] 敦煌文物研究所编:《中国石窟·敦煌莫高窟》第三卷,文物出版社,1987年,图版28、29。插图引自此书。

[19] 吴钊:《追寻逝去的音乐踪迹——图说中国音乐史》,东方出版社,1999年,第217页。

[20] 同[19],第225页。

[21] 河南省古代建筑保护研究所:《河南安阳灵泉寺唐代双石塔》,《文物》1986年第3期。

[22] 《佛说阿弥陀佛三耶三佛萨楼佛檀过度人经》,《大正藏》第十二册,第316页。

[23] 《观世音菩萨授记经》,《大正藏》第十二册,第371页。

[24] 《浙江省博物馆典藏大系·东土佛光》,浙江古籍出版社,2008年,第96页。

[25] 台州文管会、黄岩市博物馆:《浙江黄岩灵石寺塔清理报告》,《东南文化》1991年第5期。

[26] 郑州市博物馆:《郑州开元寺宋代塔基清理简报》,《中原文物》1983年第1期。插图引自该文。

[27] 定县博物馆:《河北定县发现两座宋代塔基》,《文物》1972年第8期。

[28] 河南省古建研究所、河南省文物研究所:《邓县福胜寺塔地宫出土一批稀世珍宝》,《中原文物》1988年第3期。

[29] 浙江省博物馆编:《中国屋檐下——中州出土历代建筑明器》,中国文化艺术出版社,2008年,第31页。插图引自此书。

[30] 天津市历史博物馆考古队、蓟县文物保管所:《天津蓟县独乐寺塔》,《考古学报》1989年第1期。插图引自该文。

[31] 齐心、刘精义:《北京市房山县北郑村辽塔清理记》,《考古》1980年第2期。

[32] 辽宁省文物考古研究所、朝阳市北塔博物馆:《朝阳北塔考古发掘和维修工程报告》,文物出版社,2007年。

[33] 河北省文物研究所、河北大学历史系、固安县文物保管所:《河北固安于沿村金宝严寺塔地宫出土文物》,《文物》1993年第4期。

[34] 《宋史》卷一八六《食货志下八》。

[35] 《续资治通鉴长编》卷二一一。

[36] 《文献通考》卷三四六《四裔考·契丹下》。

[37] 《续资治通鉴长编》卷一七〇。

[38] 《契丹国志》卷二二。

[39] 宿白:《白沙宋墓》,文物出版社,1957年,第21、22页。插图引自该书。

[40] 罗火金、王再建:《河南温县西关宋墓》,《华夏考古》1996年第1期。

[41] 郑州市文物考古研究所、登封市文物局:《河南登封黑山沟宋代壁画墓》,《文物》2001年第10期。

[42] 周到:《安阳天禧镇宋墓壁画散乐图跋》,《中原文物》1984第1期。

[43] 山西省考古研究所等:《山西平定宋、金壁画墓简报》,《文物》1996年第5期。

[44] 河北省文化局文物工作队:《河北井陉县柿庄宋墓发掘报告》,《考古学报》1962第2期。

[45] 河北省文物研究所等:《河北宣化辽张文藻壁画墓发掘简报》,《文物》1996年第9期。插图引自该文。

[46] 项春松:《辽宁昭乌达地区发现的辽墓绘画资料》,《文物》1979年第6期。

[47] 山西省文物管理委员会:《山西大同郊区五座辽壁画墓》,《考古》1960年第10期。

[48] [唐] 杜佑:《通典》卷一百四十六,岳麓书社,1995年,第1965页。

[49] [南宋] 吴自牧:《梦粱录》,浙江人民出版社,1980年,第192页。

[50] [南宋] 周煇:《清波杂志校注》卷四,中华书局,1994年,第140页。

[51] 《辽史》卷五十四《乐志》。

[52] 此外甘肃天水市也有零星发现,为少数之现象。

[53] 比如禹县、温县、林县等宋墓中均在墓室北壁出有"妇人启门"图像。此种图像在唐、五代以来佛寺、塔幢上十分常见,与佛教有密切之关系。关于其详细内容,容另文再述。

[54] 王青:《西域文化影响下的中古小说》,中国社会科学出版社,2006年,第250-259页。

[55] 河北省文物管理处等:《河北宣化辽壁画墓发掘简报》,《文物》1975年第8期。

[56] 内蒙古文物考古研究所等:《内蒙古赤峰宝山辽壁画墓发掘简报》,《文物》1998年第1期。

[57] 李清泉:《宣化辽墓壁画散乐图与备茶图的礼仪功能》,《故宫博物院院刊》2005年第3期。

[58] 辽宁省博物馆、辽宁铁岭地区文物组:《法库叶茂台辽墓记略》,《文物》1975年第12期。

上虞白马湖畔石室土墩墓发掘简报

王晓红（上虞市文物管理所　312300）

【摘要】1992年上虞市文物管理所在白马湖畔郑岙村童子山、和尚山等地发掘石室土墩墓40座，出土器物170件，以原始瓷和印纹硬陶为大宗，还有部分石器和青铜器。这批发掘资料对进一步研究江南地区的土墩墓具有较重要的价值。

【关键词】上虞　石室土墩墓

上虞位于杭州湾南岸，宁绍平原东部，东邻余姚市，南接嵊州市，西连绍兴县，经纬度跨东经120°36′23″～121°6′9″，北纬29°43′38″～30°16′17″。这里地势平缓，多丘陵山岗。春秋战国时期曾是越国的重要后方基地，境内石室土墩遗存分布较多，东关鸡山、嵩坝牛山、道墟猪山、梁湖象山等地都有发现，尤以驿亭镇白马湖畔郑岙村童子山、和尚山一带分布较为密集。1992年，上虞市文物管理所曾组织专业人员对驿亭镇白马湖畔童子山、和尚山的石室土墩墓进行过调查和抢救性发掘，前后历时半个多月，共发掘清理石室土墩墓40座，出土器物170件。现将发掘情况简报如下。

一　位置和分布

白马湖位于上虞东北部，距市区百官5公里。这里群山环抱，风景秀丽，白马湖畔经家湾的镶齐山、郑岙村的和尚山、童子山的平均海拔为120米。石室土墩墓主要分布在驿亭镇经家湾的镶齐山、郑岙村和尚山包括虎山、黄蜂山、后头山、乌蜂山、大肚皮山、冲会山、童子山等处的山脊或山巅向阳处，以沿山脊线上分布最多，呈串珠状一字排列。石室土墩墓的外观呈圆形或椭圆形，一般位于山巅或山脊自然隆起之处的较大。大中小型石室土墩墓的排列间距具有大疏小密的现象，大型石室土墩墓占据山顶高处，中小型石室土墩墓在侧翼较低处。

此次共发掘清理40座石室土墩墓，其中在虎山的山脊14座、山巅1座（编号D1—D15），黄蜂山山脊8座（编号D16—D23），后头山山脊6座（编号D24—D29），乌蜂山3座（编号D30—D32），大肚皮山山脊1座（编号D33），冲会山山巅5座（编号D34—D38），童子山山巅1座（编号D39），镶齐山山巅1座（编号D40）（图一）。

二　形制与结构

这次发掘的白马湖畔40座石室土墩墓因常年日晒雨淋，水土流失严重，多数封土已荡然无存。唯D39和D40两座石室的封土保存较完整，封土墩呈椭圆形。墩内石室均用块石垒砌，平面形状大部分呈长条形，亦有少量呈梯形，其中呈长条形的有34座，呈梯形的有6座。石室大小不一，最大者是位于童子山山颠的D39，长7.80、上口宽0.60、高1.08米。最小者是位于后头山山脊的D28，长3.10、上

发掘清理的40座石室土墩墓，有11座因早年被盗无出土器物，有2座仅发现器物残片，其余27座均有器物出土（表二）。出土器物多少不一，少则1件，多则20件。器物以置于后端者为多见，有的分前、后段或两侧放置，如D16、D11。也有极少分前、中、后三段陈放，如D36。也有的器物以一定形状摆放，如D13的5只印纹陶罐呈梅花状放置，D17的7只原始瓷碗形似北斗七星状安放。器物以原始瓷器为最多，印纹硬陶次之，另有少量的泥质陶。器形主要有罐、钵等盛储器和碟、豆、碗等饮食器。在少数石室内还出土了陶纺轮、石器等生产工具和剑、箭镞等一些小件青铜兵器。另外，在D17、D33石室底部发现有木炭，在D14、D18、D23、D25、D26五座石室内均发现有木炭屑残迹（图二、三、十、十一）。

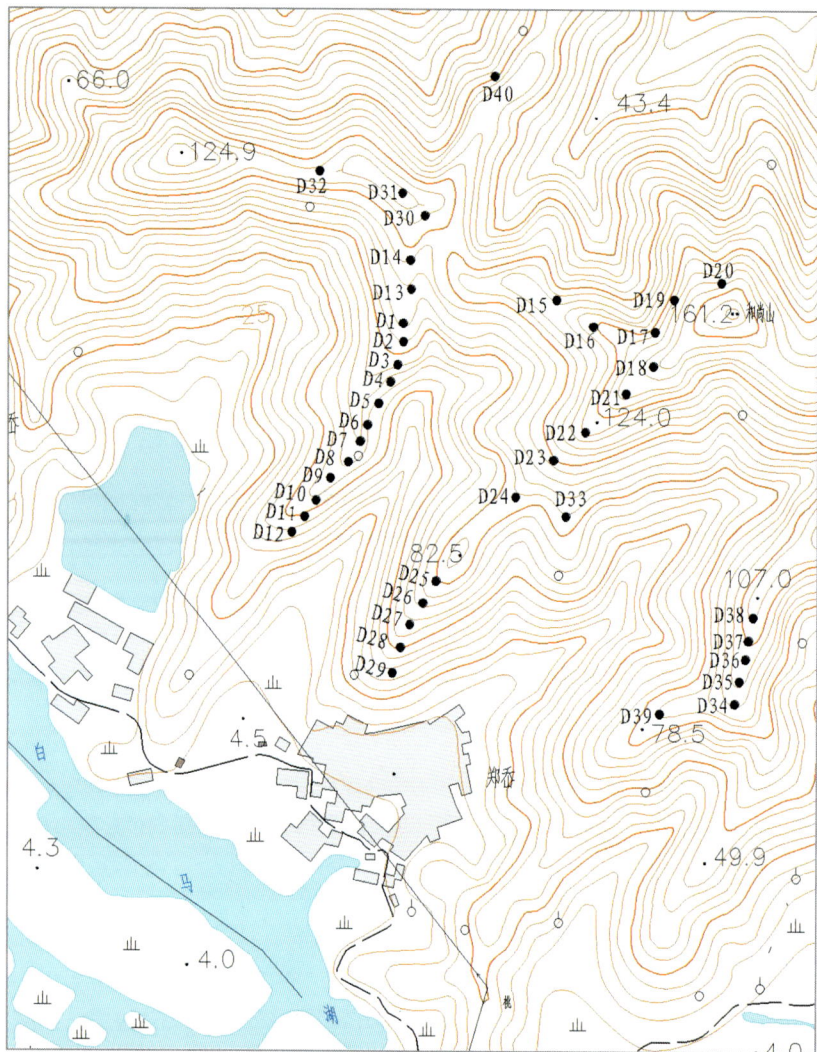

图一　上虞白马湖畔石室土墩墓分布图

口宽0.85、高0.80米。多数石室顶上已无盖石，唯有D37石室上有4块用1.20×0.40米的大石块铺盖，D39用11块1.20×0.60米的巨石盖成。由于早年曾遭人为的盗掘和扰乱，有的石室结构已不完整，如D40，上面是炮台遗址。有的石室两墙虽未倒塌，但顶盖石已被搬移，石墙也局部被破坏，室内器物荡然无存，如D6。有的由于山脊倾斜，石室基本倒塌，室内填满坍塌的泥石，遗物已多被砸碎，如D8。石室内四壁均以石块砌筑，较平整，大部分是单层垒砌的形式，下层石块较大，如D13、D19。也有多层叠砌的，如D15、D16。后墙大多数由整块大石竖立而成。石室底铺砌小石块和豆粒状粗沙，也有少量用卵石铺砌，如D21。大部分石室外壁凹凸不平，呈不规则状，石室外堆封有大量的泥石（表一）。

三　出土遗物

此次发掘的40座石室土墩墓共出土器物170件，种类较丰富，有原始瓷、印纹硬陶、泥质陶、石器和青铜器，其中以原始瓷与印纹硬陶器为绝大多数。以下按质地分述。

（一）原始瓷

104件。占出土物总数的61%，几乎每座有器物出土的石室内都有发现，多为碗、罐、碟、钵、豆等器物。出土时大部分已压碎。

（1）碗　90件，完整20件，残70件。有敞口碗和盅式碗两种。

敞口碗：45件。按形态的不同，分2式。

I式　28件。敞口宽沿，腹壁趋直，近底处剧收成平底或假圈足，内底有细密的轮旋纹。内外施釉。D3：2，假圈足内凹，内底有轮旋纹，制作较

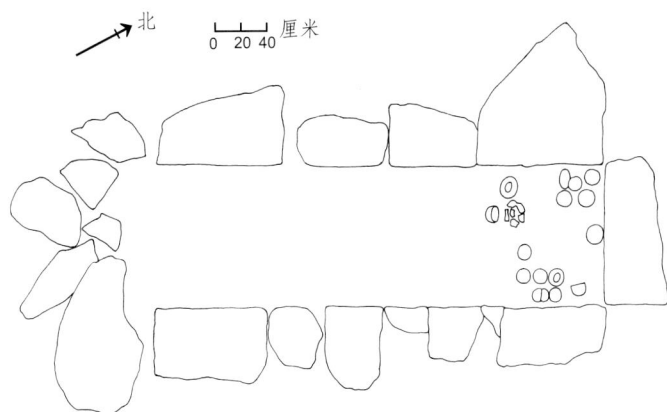

图二　D7平面示意图

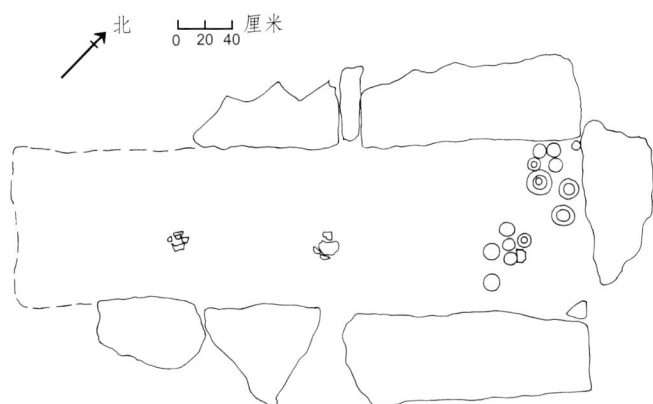

图三　D17平面示意图

粗糙，胎壁较厚，内外施青黄釉。高 3.7、口径 12.8、底径 7.6 厘米（图四，1）。D4：3，子口，折腹，假圈足微内凹，内底有轮旋纹，施青黄釉。高 3.6、口径 12.2、底径 6.2 厘米（图四，2）。D26：3，圆唇，敞口，弧腹，平底，内底有轮旋纹，施淡黄色釉，胎质疏松，剥釉严重。高 4.2、口径 12.4、底径 7 厘米（图四，3）。D26：8，敞口，下腹剧收，平底，内底有轮旋纹，通体施黄绿釉，釉面不光洁。高 4、口径 14、底径 8 厘米（图四，4）。

Ⅱ式　17 件。敞沿趋于消失，上腹壁变直，近底处剧收成假圈足。内壁底有细密轮旋纹，内外施釉。D3：4，腹部微鼓，假圈足微内凹，内底轮旋纹至口部。胎质较疏松，内外施青黄釉，制作较粗糙。高 3.8、口径 10.4、底径 6.6 厘米（图四，6）。D3：5，子口，弧腹，假圈足微内凹，内底有螺旋纹至腹壁中部。胎质细腻坚硬，内外施青灰色釉。高 3.3、口径 8.6、底径 5.2 厘米（图四，5）。D3：6，窄平沿

外折，假圈足微内凹，内底有轮旋纹。胎质疏松有气泡，内外施青绿色釉，制作较粗糙。高 4、口径 12、底径 7.6 厘米（图四，7）。

盅式碗：45 件。按形态的不同，分 3 式。

Ⅰ式　25 件。腹壁斜直，近底处折收成平底，内壁底有细密轮旋纹，腹较浅。内外施釉。D7：10，直口，方唇，近底处折收，假圈足内凹，内底有细密轮旋纹。高 4.6、口径 11.4、底径 6.4 厘米（图五，1）。D7：14，方唇，折腹，假圈足。通体施釉，胎釉结合牢固，内底有轮旋纹，足底有划切痕迹。高 4.8、口径 10.6、底径 5.2 厘米（图五，2）。D16：6，方唇，直壁微外侈，腹下折收，平底，碗内轮旋纹。胎质细腻，呈灰白色，内外施青黄色薄釉。高 4、口径 12、底径 7.6 厘米（图五，3）。D19：4，子母口，下腹折收，小平底，内底有轮旋纹，外底有割削痕，器表施灰黄色薄釉。高 4.4、口径 13.2、底径 5.4 厘米（图五，4）。D21：2，口沿上有凹线，腹壁斜敞，腹下折收，假圈足，内底有轮旋纹。胎质较疏松，呈黄白色，通体施青黄釉。高 4.2、口径 10、底径 5.2 厘米（图五，5；图十二，7）。

Ⅱ式　12 件。斜直腹，近底处剧收成平底或假圈足，腹较Ⅰ式加深，内壁底有细密轮旋纹。内外施釉。D1：2，尖唇，敞口，斜直壁，深腹，平底，外底有割削痕迹，内壁底有轮旋纹，通体施青黄色薄釉，胎质较坚硬。高 5.3、口径 9.2、底径 5.5 厘米（图五，6；图十二，4）。D17：14，斜沿，尖唇，上腹斜直，下腹折收，平底，器内轮旋纹自碗心始至口部，外底有割削痕。通体施青灰色薄釉，釉层不甚光洁，多凝缩釉点。高 5.4、口径 10.6、底径 6 厘米（图五，7；图十二，10）。D18：4，假圈足内凹，内底有轮旋纹。胎质细腻，坚硬，呈灰白色，内外施青黄色薄釉。高 5.2、口径 9、底径 4.6 厘米（图五，8）。

Ⅲ式　8 件。直口，直腹，近底处折收成平底。内外施釉。D5：7，尖唇，直口，直腹，底微内

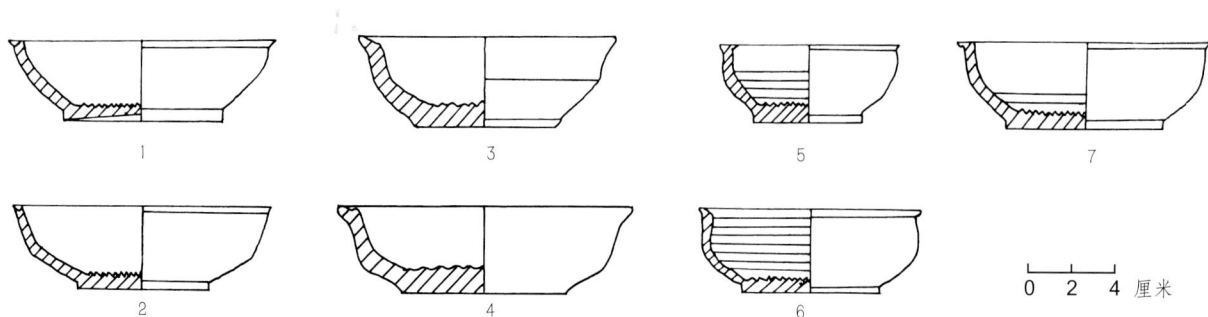

图四 原始瓷碗

1—4.Ⅰ式敞口碗（D3:2、D4:3、D26:3、D26:8） 5—7.Ⅱ式敞口碗（D3:5、D3:4、D3:6）

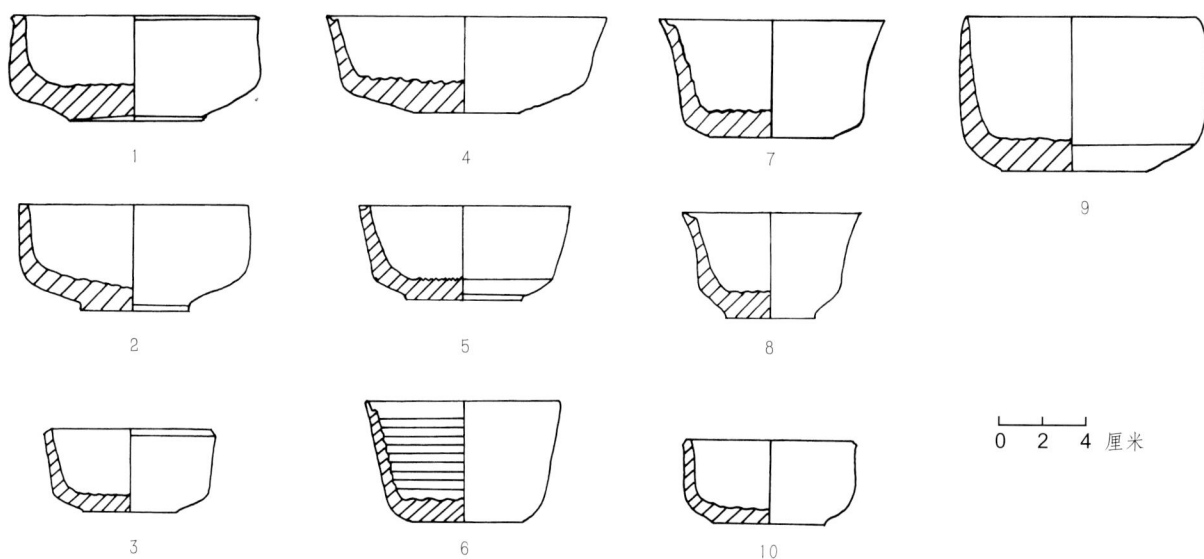

图五 原始瓷碗

1—5.Ⅰ式盅式碗（D7:10、D7:14、D16:6、D19:4、D21:2） 6—8.Ⅱ式盅式碗（D1:2、D17:4、D18:4）

9—10.Ⅲ式盅式碗（D5:7、D17:19）

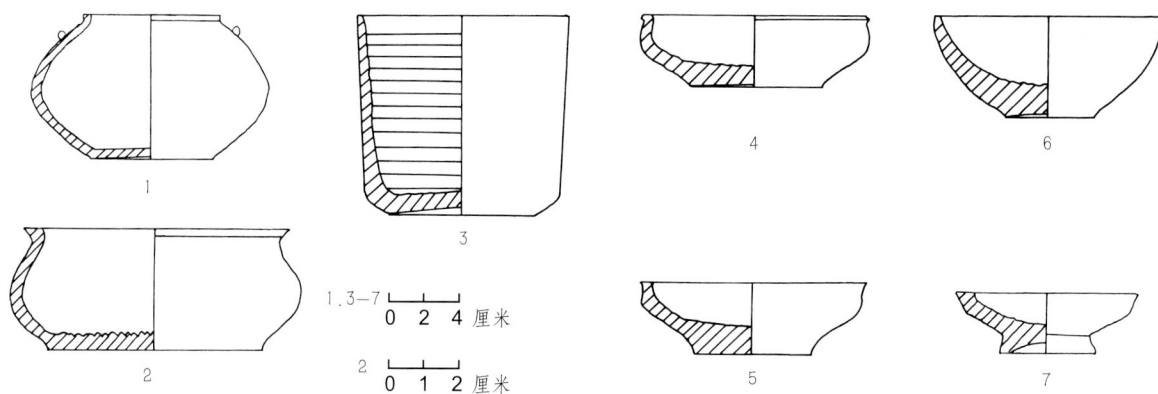

图六 原始瓷

1—3.罐（D17:16、D9:3、D24:3） 4—5.碟（D17:17、D7:18） 6.钵（D5:5） 7.豆（D26:12）

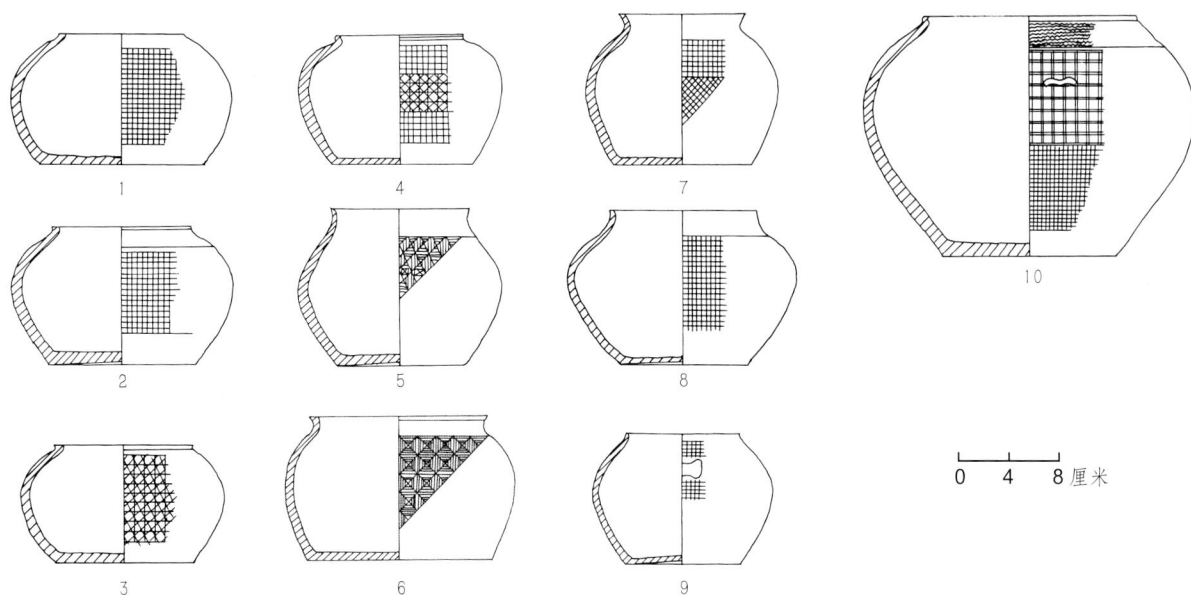

图七　印纹硬陶罐

1—4.Ⅰ式罐（D13:4、D18:10、D21:8、D21:10）　5—8.Ⅱ式罐（D5:2、D5:4、D7:4、D18:12）　9—10.Ⅲ式罐（D5:3、D18:9）

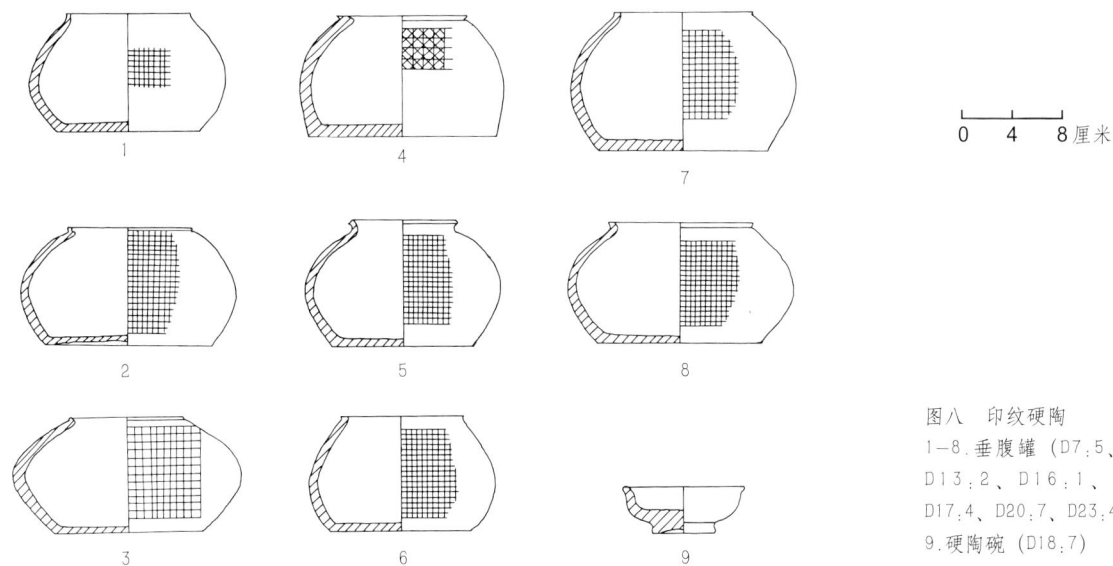

图八　印纹硬陶

1—8.垂腹罐（D7:5、D13:1、D13:2、D16:1、D16:4、D17:4、D20:7、D23:4）

9.硬陶碗（D18:7）

凹，内底有紧密的轮旋纹，通体施釉。高7、口径12、底径6.8厘米（图五，9；图十二，8）。D17:19，方唇，直腹，平底，内底有轮旋纹，通体施青黄色薄釉。高3.8、口径8.2、底径5.4厘米（图五，10）。

（2）罐　5件，完整3件，残2件。分3型。

Ⅰ型　3件。扁鼓腹罐。平唇，直口，短颈，广肩，腹扁鼓，下腹剧收。平底内凹，肩部对称粘贴横耳。器物拉坯成型，制作规整。D7:16，胎质细腻坚硬，呈灰白色，内外施青黄色薄釉。高7.6、腹

径13.2、口径7.6、底径6.8厘米（图六，1；图十二，9）。

Ⅱ型　1件。盂形罐。平唇，侈口，扁鼓腹。平底微内凹，内底施轮旋纹，平唇上面划二道弦纹。D9:3，胎呈灰白色，质地坚硬，施青黄色薄釉，釉层剥落严重。高3.2、腹径8、口径7.4、底径6厘米（图六，2；图十二，6）。

Ⅲ型　1件。直筒形罐。尖唇，直口，直深腹，平底微内凹，底腹有明显的接痕，内底有轮旋纹至

33

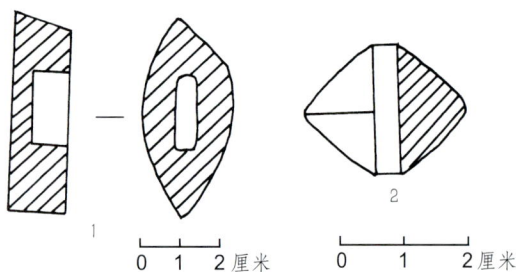

图九　泥质陶、石器　1.石（玉）剑饰（D9:8）　2.陶纺轮（D2:3）

口部。D24：3，胎质坚硬细腻，内外施青黄色薄釉。高10.6、腹径11.8、口径11.8、底径8.2厘米（图六，3；图十二，5）。

（3）碟　5件，完整2件，残3件。分2型。

Ⅰ型　2件。斜唇，口沿下内束，浅腹微外鼓，平底稍内凹，内底施一周轮旋纹。D7：17，胎质坚硬，通体施釉，但剥釉严重。高3.8、口径12、底径7.2厘米（图六，4）。

Ⅱ型　3件。平唇，敛口，折腹，小平底。内底划螺旋纹，外底有割削痕。D7：18，胎呈灰白色，细腻坚硬，通体施青黄色薄釉。高3.8、口径12.4、底径6.4厘米（图六，5；图十二，2）。

（4）钵　3件，完整1件，残2件。D5：5，圆唇，口稍敛，弧收腹，平底微内凹，自底心起划螺纹旋至腹，拉坯成型。胎上半部呈灰白色，下半部呈淡黄色，内壁有施薄釉的痕迹。高5.4、口径12.4、底径5.8厘米（图六，6；图十二，1）。

（5）豆　1件。口沿稍残。宽平沿，浅盘腹，嗽叭形矮把，内底有粗螺旋纹，通体施黄绿釉，胎质疏松，制作粗糙。高3.2、口径10、底径5.2厘米（图六，7；图十二，3）。

（二）印纹硬陶器

43件。占全部出土器物的25%，约一半石室有印纹硬陶器出土。均泥条盘筑法成型，内壁有凹凸不平垫窝。

器型全为罐，完整18件，残25件。有罐和垂腹罐两种。

（1）罐　23件。分3型。

Ⅰ型　10件。扁圆腹罐。D13：4，方唇，口微侈，溜肩，平底。胎灰中泛紫，多气孔，外壁拍印小方格纹。高10、腹径17.4、口径10、底径13.2厘米（图七，1）。D18：10，平唇，窄沿，溜肩，平底微内凹，腹部拍印小方格纹，胎灰褐色，质地较坚硬。高10.6、腹径17.4、口径10.9、底径11.8厘米（图七，2）。D21：8，方唇，溜肩，平底。胎呈淡紫红色，外壁拍印米筛纹。高9、腹径16、口径11、底径11厘米（图七，3；图十三，8）。D21：10，口微侈，溜肩，平底。胎呈淡紫褐色，质较坚硬。肩部和大腹部拍印小方格纹，腹中部拍印米筛纹。高10、腹径16、口径10、底径11厘米（图七，4）。

Ⅱ型　8件。敞口鼓腹罐。D5：2，敞口，高弧颈，斜肩，圆鼓腹，平底。腹部拍印回字加叉纹。胎呈紫红色，较坚硬。高12.2、腹径16、口径11、底径10厘米（图七，5）。D5：4，敞口，束颈，斜肩，圆鼓腹，平底。胎紫灰色，质较坚硬，腹部拍印菱格填线纹。高11、腹径18、口径14、底径14.8厘米（图七，6；图十三，3）。D7：4，敞口，束颈，斜肩，弧腹，下腹近底处斜直，平底，外壁拍印方格纹，胎呈浅紫色，质地较细腻。高11.6、腹径15、

图十　D2发掘现场

图十一　D26发掘现场

1

2

3

4

5

6

7

8

9

10

图十二　原始瓷

图十三　印纹硬陶

口径 10.2、底径 11 厘米（图七，7；图十三，1）。
D18：12，直口，方唇，斜肩，上腹圆鼓，下腹斜收，
平底微内凹，肩腹部拍印小方格纹。高 12、腹径 18、
口径 11.8、底径 10 厘米（图七，8）。

　　Ⅲ型　5 件。圆腹罐。D5：3，尖唇，口微侈，
溜肩，圆腹，平底内凹。胎浅灰色，质较疏松，肩
腹部附对称的双耳，外壁拍印小方格纹。高 10、腹

径 14.2、口径 9、底径 9.2 厘米（图七，9；图十三，
2）。D18：9，子口，斜肩，上腹鼓凸，下腹斜收，
平底稍内凹，肩颈部刻划水波纹，上腹部拍印回
纹，下腹部拍印小方格纹。肩部对称贴装饰性泥条
耳。高 18.4、腹径 26.4、口径 17、底径 14 厘米（图
七，10）。

　　（2）垂腹罐　20 件。器形较矮胖，腹部下垂，最

表一　上虞白马湖畔石室土墩墓登记表（单位：米）

墩　号	方　向（度）	规　　格			形　制结　构	位　　置
		长	上口宽	高		
D1	180	4.70	1.00	0.55	长条形	虎山山脊
D2	170	4.40	1.00	0.60	长条形	虎山山脊
D3	180	4.10	0.96	0.50	长条形	虎山山脊
D4	180	5.00	0.86—1.10	0.65	梯形	虎山山脊
D5	325	3.27	1.00	0.50	长条形	虎山山脊
D6	323	4.60	0.76—0.88	0.45	梯形	虎山山脊
D7	330	4.00	1.10	0.60	长条形	虎山山脊
D8	330	7.40	1.00	0.45	长条形	虎山山脊
D9	180	5.80	0.86—1.00	0.60	梯形	虎山山脊
D10	340	4.40	1.00	0.25—0.45	长条形	虎山山脊
D11	245	6.80	1.50	0.65	长条形	虎山山脊
D12	145	4.40	1.00	0.55	长条形	虎山山脊
D13	270	3.80	1.00	0.45	长条形	虎山山脊
D14	300	7.10	0.98—1.20	0.70	梯形	虎山山巅
D15	180	3.40	0.72	0.30	长条形	虎山山脊
D16	330	6.60	1.10	1.05	长条形	黄蜂山山脊
D17	225	4.20	1.10	0.45	长条形	黄蜂山山脊
D18	330	4.00	1.00	0.40	长条形	黄蜂山山脊
D19	130	5.00	0.90	0.60	长条形	黄蜂山山脊
D20	270	4.00	0.90	0.40	长条形	黄蜂山山脊
D21	135	4.50	1.00	0.40	长条形	黄蜂山山脊
D22	135	3.25	1.00	0.40	长条形	黄蜂山山脊
D23	330	4.10	1.10	0.45	长条形	黄蜂山山脊
D24	330	3.20	0.90	0.40	长条形	后头山山脊
D25	135	7.00	1.10	0.55	长条形	后头山山脊
D26	135	5.20	0.90	0.35	长条形	后头山山脊
D27	135	4.55	1.25	0.56	长条形	后头山山脊
D28	135	3.10	0.85	0.80	长条形	后头山山脊
D29	135	7.55	0.95	0.40	长条形	后头山山脊
D30	270	5.20	1.00	0.90	长条形	乌蜂山山脊
D31	270	5.05	1.20	0.57	长条形	乌蜂山山脊
D32	270	4.80	1.00	0.36	长条形	乌蜂山山脊
D33	180	5.70	1.00—1.20	0.60	梯形	大肚皮山山脊
D34	240	3.10	1.10	1.00	长条形	冲会山山巅
D35	200	4.52	0.85	0.78	长条形	冲会山山巅
D36	190	4.00	0.90	0.30	长条形	冲会山山巅
D37	210	4.30	0.40—0.90	1.00	梯形	冲会山山巅
D38	180	4.30	0.50	0.50	长条形	冲会山山巅
D39	270	7.80	0.60	1.08	长条形	童子山山巅
D40	180	上有炮台遗址已无法测量			长条形	镬齐山山巅

表二 浙江上虞白马湖畔石室土墩墓出土器物一览表（单位：件）

墩号	序号	器物名称	件数	小计	完缺及说明	墩号	序号	器物名称	件数	小计	完缺及说明
D1	1	铜剑	1	2	蚀甚，仅存一段	D17	1	印纹陶罐	4	20	2件口沿缺损
	2	原始瓷碗	1		残碎		2	原始瓷碗	16		14只残碎
D2	1	原始瓷碗	2	3	破碎	D18	1	原始瓷碗	4	12	2只口沿缺损
	2	陶纺轮	1		残		2	印纹陶碗	4		残
D3	1	原始瓷碗	6	7	5只残碎		3	印纹陶罐	4		破碎
	2	原始瓷碟	1		缺损	D19	1	原始瓷碗	4	5	3只残
D4	1	陶纺轮	1	3	残碎		2	印纹陶罐	1		残
	2	印纹陶罐	1		破碎	D20	1	陶纺轮	2	7	基本完整
	3	原始瓷碗	1		口沿缺损		2	原始瓷碗	4		2只口沿缺损
D5	1	印纹陶罐	4	7	残碎		3	印纹陶罐	1		残缺
	2	原始瓷钵	2		1件缺损	D21	1	原始瓷碗	6	13	4只缺损
	3	原始瓷碗	1		口沿缺		2	印纹陶罐	6		4件残
D7	1	印纹陶罐	5	18	4件残碎		3	陶纺轮	1		基本完整
	2	原始瓷碗	10		9件残碎	D23	1	原始瓷碗	2	4	1只残
	3	原始瓷罐	1		双耳残		2	印纹陶罐	2		残
	4	原始瓷碟	2		基本完整	D24	1	原始瓷碗	2	4	残
D8	1	印纹陶罐	1	2	残		2	原始瓷罐	2		1只残
	2	原始瓷钵	1		残	D25	1	原始瓷碗	3	3	2只破碎
D9	1	陶纺轮	2	8	缺损	D26	1	原始瓷碗	9	16	7只缺损
	2	原始瓷罐	2		基本完整		2	原始瓷碟	2		缺损
	3	原始瓷碗	3		2只缺损		3	原始瓷豆	1		部分缺损
	4	石（玉）器	1		完整		4	印纹陶罐	4		2件缺损
D11	1	原始瓷碗	2	3	1只缺损	D32	1	原始瓷碗	5	5	4只缺损
	2	石器	1		残损	D33	1	原始瓷碗	2	4	破碎
D12	1	石（玉）器	1	1	完整		2	陶纺轮	2		1个残损
D13	1	印纹陶罐	5	6	2件口沿损	D35	1	原始瓷碗	3	3	2只残损
	2	陶罐	1		残	D36	1	印纹陶罐	1	4	残损
D14	1	铜箭簇	1	2	缺损，蚀甚		2	原始瓷碗	2		1只口沿残
	2	陶纺轮	1		残		3	灰陶罐	1		破碎
D16	1	印纹陶罐	4	7	残碎	D40	1	石器	1	1	残
	2	原始瓷碗	2		残碎	合　　计				170	
	3	紫砂石	1		完整						

图十四 陶纺轮

图十五 石(玉)剑饰

图十六 石(玉)剑首

图十七 砺石

大腹径偏下，底径大于器高。D7：5，宽沿，溜肩，圆腹下垂，大平底。外壁拍印米筛纹，胎呈紫灰色。高9.4、腹径16.2、口径10.6、底径15.2厘米（图八，1；图十三，4）。D13：1，方唇，敛口，溜肩，圆腹微下垂，平底，外壁拍印方格纹。高10.8、腹径18、口径11.2、底径13.6厘米（图八，2；图十三，6）。D13：2，方唇，口沿外翻，敞口，束颈，溜肩，扁圆腹微下垂，平底。外壁拍印小方格纹，胎质坚硬，呈紫褐色。高9.7、腹径15.6、口径8.7、底径11.4厘米（图八，3；图十三，9）。D16：1，平唇，直口，斜肩，扁鼓腹下垂。平底微内凹。外壁拍印方格纹，胎紫红色，质较细腻。高8.8、腹径15.2、口径9.6、底径11.2厘米（图八，4）。D16：4，方唇，直口，斜肩，扁鼓腹下垂。平底，外壁拍印小方格纹，胎呈淡紫褐色。高9、腹径15、口径9.8、底径11.2厘米（图八，5；图十三，5）。D17：4，翻沿，溜肩，扁鼓腹微下垂。平底，外壁拍印小方格纹。高9.4、腹径18、口径11.8、底径13厘米（图八，6；图十三，10）。D20：7，子母口，溜肩，扁鼓腹微下垂。平底内凹，胎青灰色，器表拍印小方格纹。高9.2、腹径17.2、口径9.8、底径13.6厘米（图八，7）。D23：4，敛口，广肩，扁鼓腹微下垂。平底微内凹，外壁通体拍印方格纹。胎灰褐色。高9、腹径18.4、口径9.2、底径12厘米（图八，8；图十三，7）。

（三）硬陶器

4件。器形全为碗，均残损。

D18：7，圆唇，口外侈，弧腹，假圈足内凹，胎质粗糙。高3.6、口径9.8、底径5厘米（图八，9）。

（四）泥质陶器

12件。完整3件，残9件。器形有纺轮和罐。

（1）陶纺轮 10件。D2：3，呈算珠状，器表有数道弦纹。高2、直径3.4厘米（图九,2；图十四）。

（2）黄陶罐和灰陶罐 各1件，均残破，无法复原。

（五）石（玉）器

5件。完整3件，残2件。

（1）石（玉）剑饰 1件。D9：8，剑饰。长4、宽2、厚1.2厘米（图九，1；图十五）。石（玉）剑首1件（图十六）。

（2）砺石 1件（图十七）。另有呈不规则状的石器2件。

（六）青铜器

2件。分别在D1和D14内，为青铜剑残段和青铜箭簇（图十八），锈蚀严重。

四 结语

这次发掘的40座石室土墩墓中，发现器物的有27座。这些器物以原始瓷和印纹硬陶为大宗，其中有17座两者共存，且石室结构均为狭窄的全封闭式

图十八 青铜箭簇

特点，证明这批石室土墩墓是属于同一文化类型的遗存。

对照长兴县便山石室土墩墓出土器物及三阶段五期的划分和时代推断[1]，以及江浙地区土墩墓分期研究成果[2]，可知白马湖畔石室土墩墓的整体年代在西周晚期至春秋晚期，大体可分为三期。

第一期：属于这一期的有 D3、D4、D26 等 3 座。这些墩内出土的宽沿、浅腹、喇叭形矮把豆和敞口弧腹的平底或假圈足碗，可与土墩墓分期中的第五期[3]相对应，具有西周晚期到春秋早期的器形特征。因此，该期的年代可定在西周晚期至春秋早期。

第二期：属于这一期的有 D2、D7、D8、D9、D11、D12、D14、D16、D19、D20、D21、D33、D36、D40 等 14 座。这些墩内出土的 I 式盅式碗，其直口、浅斜直腹、近底处剧收成小平底的器形特征，显然由第一期中的 II 式敞口碗变化而来，主要表现在敞沿的消失与腹壁的变直。这类器物可与德清独仓山与南王山第五期[4]土墩墓出土物相对应。石室内所出的方唇、平底，器表拍印米筛纹，以及侈口、斜肩、弧腹、大平底，器表拍印小方格纹的印纹陶罐，与嘉兴印纹陶遗址第四期[5]和土墩墓分期中的第七期[6]的器物特点和花纹装饰相同。因此，该期的年代可定在春秋中期。

第三期：属于这一期的有 D1、D5、D13、D17、D18、D23、D24、D25、D32、D35 等 10 座。这些墩内所出的 II、III 式原始瓷盅式碗，与第二期中的 I 式盅式碗相比，腹部明显加深和腹壁的完全变直，是春秋晚期开始出现的典型器物，与长兴便山石室土墩墓分期中的第五期[7]的原始瓷盅式碗相同。这些墩内出土的印纹陶器也为敛口、圆弧腹、平底，器表普遍拍印米筛纹、方格纹等，纹饰十分纤细，纹样单元甚小，与土墩墓分期中的第八期[8]的器物特点和花纹风格一致。因此，该期的年代可定在春秋晚期。

通过此次发掘和资料的整理研究，进一步确认此类分布于上虞市境内山脊上的馒首状土墩是一种特殊的墓葬，它以印纹硬陶和原始青瓷等日常生活用品为主要随葬品，以狭窄的全封闭式石室结构为主要特点，室内器物安放呈明显的墓葬特征，与本省其他地区同类遗存的情况基本一致，内涵也基本相同。《吴越春秋》、《越绝书》、《郡国志》等历史文献中分别有"山有数十石室"、"山有仲雍、齐女冢"、"死必葬我虞山之巅"、"文石为椁"等与石室土墩有关的记载，进一步确证此类遗存是一种特殊的墓葬。

石室土墩墓作为越地的主要墓葬形制，是重要的越文化遗存。它在上虞境内也有较多的分布，但经考古发掘的不多，过去仅在配合杭甬高速公路建设中，浙江省考古研究所在小越镇的羊山有过少量发掘。此次白马湖畔 40 座石室土墩墓的发掘，对于研究上虞乃至宁绍地区石室土墩墓的分布规律、结构特点、文化内涵等方面具有重要价值，为深入开展土墩墓的研究与探索，提供了重要的考古资料。

（本文在整理写作过程中得到了陈元甫研究员和章金焕研究员的帮助和指导，在此深表谢意。）

注 释

[1][7] 陈元甫：《浙江长兴县便山土墩墓发掘报告》，《浙江省文物考古研究所学刊》第二期，1993 年。

[2][3][6][8] 陈元甫：《论浙江地区土墩墓分期》，《浙江省文物考古研究所学刊》第四期，2001 年。

[4] 浙江省文物考古研究所、德清县博物馆：《独仓山与南王山土墩墓发掘报告》，科学出版社，2007 年。

[5] 陆耀华：《嘉兴印纹陶遗址与土墩墓》，《东南文化》1989 年第 6 期。

景宁渤海坑

——浙南明代银矿史迹调查之二

项莉芳（景宁畲族自治县畲族博物馆　323500）
郑嘉励（浙江省文物考古研究所　310014）

【摘要】浙南处州府是明代银矿的重要开采地，至今尚存有不少银冶遗迹。本文调查了景宁渤海村银王的史迹，并在野外发现了10余处银坑洞及冶炼遗址"太监基"。

【关键词】景宁　渤海坑　明代　银矿遗迹

前　言

有明一代，处州府的银矿开采是当地政治、经济领域内的大事。朝廷对处州府属县的银场征收岁办银，或遣官闸办银课，数目甚巨[1]。银课采办通常被视为明朝的"祖宗旧制"[2]。

"开矿必当聚众，聚众必当防乱"，矿徒聚集遂成地方隐患[3]。朝廷的开矿政策时有反复，但总体而言，浙南山区的银课采办，仅有短期中断。实际上，无论官府闭矿抑或弛禁，民间的盗矿私采始终未曾禁绝，随之而来的治安隐患长期存在[4]。

青田县是浙南银矿的重要产区，摊派的银课岁办、闸办额长期占浙江总额的1/3以上[5]。景泰三年（1452），以青田县治西南五百余里山谷险远、矿徒啸聚，析"县之柔远乡仙上里及沐鹤乡"为景宁县[6]，县因矿事而设。

景宁县的银场采煎喧嚣一时，但在清代已惟余"废坑诸址"。同治《景宁县志》载境内"废坑"凡11处，为渤海坑、岭坳坑、陶洲坑、下场坑、道

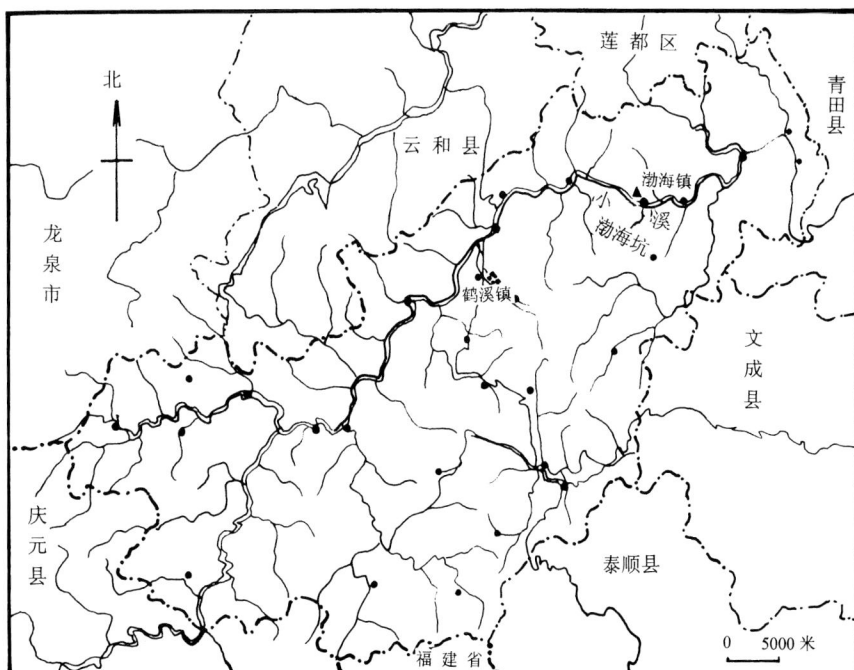

图一

图二，1

图二，2

化坑、大洋坑、张墩坑、芦西坑、大漈坑、吴四坑、十八插坑，多为明代遗址[7]。

渤海坑，《县志》所载地望"在一都。东至本村一里，南至金钟十五里，西至菉草十五里，北至县六十里"。"本村"即今渤海镇渤海村，渤海村是景宁县城鹤溪镇至青田北山镇沿线最大的集镇，村南有瓯江支流（俗称"小溪"）经过。

渤海坑与渤海村隔江相望，其范围包括今渤海村对岸的渤海坑、东畈、竹山等行政村，其地山高路险，靠江一侧有多处银冶遗址（图一）。

"银王"陈鏊事迹

2007年3月滩坑水库建设，我们因此到该地处理渤海村"明承事郎陈坦庵墓"异地复建事宜。

陈坦庵墓，规模宏大，营造考究（图二）。康熙五十五年《重修包岸（即今渤海）凤山墓记》称该墓"上下左右石板圈砌，宽广十余丈。立墓铭，建墓门，创石庵结构甚佳……邑侯李公、张公尝下车即诣墓所，叹曰：'为孝子者不当如是哉！'如此墓浙东罕觏也"[8]。如此豪墓，非富甲一方的"孝子"莫办。

据地表的墓志铭碑，墓主人名"旭"，号坦庵，以"赈边授承事郎"，卒于弘治十年（1497），墓竣工于嘉靖八年（1529）。陈旭有子二，长曰"玺"，次曰"鏊"（图三）。

渤海村至今仍为陈氏族居之地，墓葬犹岁祀不废。族人盛传陈鏊是明代的大银矿主，名震浙南，

号称"银王"。传说"鏊公"站在某山头，呵一口气，地下银子即泉涌而出，或说每至一处，左脚下即有银，右脚下即有金，极为神奇。然陈鏊经营银矿事于文献无征，《景宁县志》及诸本《渤海陈氏族谱》只载陈鏊"富甲一郡"，且多孝行义举，并无一字言及采银事[9]。

山高田少的偏远乡村，乡居者何以暴富？

今渤海坑留存的银坑洞及冶炼遗址，当地人传为陈鏊时所留。渤海村内尚存有石磨盘数面，是当年粉碎矿石的工具。口碑传说其来有自，流传有序，"银王"陈鏊曾参与采矿，事无可疑。

文献不载陈鏊采银事迹，并不奇怪。以"重本轻末"的传统，从事采矿、经商等"逐利"行当致富，实不足夸示。以银冶复杂的生态，致富者必有诸如官民勾结、聚众私采等劣迹，更当如此。《陈旭墓志铭》载陈家因神人托梦得瘗金致富，神化其财富来源，而采矿事在后世族人中以口耳相传形式流传至今，其中隐情，欲盖犹彰。明代龙泉县的顾仕成经营青瓷致富，为当地著名乡绅，旧《龙泉县志》亦仅载其孝行，其理一也。

陈鏊开矿致富后，建义塾、义冢、祠堂、豪墓，赈边鬻爵，其子孙亦未承祖业，走上"读书仕进"的道路[10]，这都是明清时期以"末业"致富者常见的行为。

陈鏊生卒年不详。按其建祠堂，为父修墓，事在嘉靖八年，必在发迹之后；《县志》又载其"正德七年捐资千余金募义兵讨流贼"，其父陈旭卒于弘治十

年，享年75岁。据此推测陈鋈经营银矿，当在成化至正德间或稍后。

银矿的坑首、矿头，多以地方豪右充任[11]。该群体在银冶产业链中占据重要地位，然史多不传，故辨析如上。

渤海坑的银坑洞

渤海坑、东畈、竹山村至少有10余处"银坑洞"，久废，个别已闭塞[12]。银坑洞位于人迹罕至的峭壁之上，难以一一踏勘。我们在渤海坑考察的几处银坑洞，就洞口形态而言，大致可分3种类型：斜穴式、平穴式、复合式。

斜穴式银坑洞：如东畈村所见。洞口较小，仅容一人出入，坑口斜直而下，深约2米处又斜向而去。该式坑洞，难以进入，洞内情形不详。

平穴式银坑洞：如竹山村所见（图四）。据说是当地规模最大的矿洞，位于峭壁上，伫立洞口向下遥望，为之目眩。银坑洞有3个出口，彼此相连。洞口低矮，仅容一人匍匐进入，入洞后始可站立，但极狭窄，勉强可由两人侧身交会。继续前行，则豁然开朗，犹如广厦。但见洞中有洞，曲折枝蔓。洞内漆黑，未敢深入，投石问之，回响悠远。洞内有积水，时有地下水滴落。据当地人说，洞内曾捡到锤子、凿子等铁质工具。

复合式银坑洞：即斜穴式、平穴式的复合形式，多数银坑洞采取该形式。

银坑洞洞口及洞内的形态，由矿脉的实际情形而定。但是，上述分类法也并非全无意义：平穴式银坑洞，开采难度较小，成本较低，也相对安全，但矿脉本身曲折枝蔓，其弊端是难以将矿脉彻底采尽，且容易产出废石。斜穴式银坑洞，严格追循矿脉走向开采，工作难度更大，而地下水的排取则尤为关键。关于斜穴式银坑洞地下水的处理技术，容另文述之。

明代景宁人潘琴《送曾二尹致仕序》描述了当地的银矿开采，略曰："银冶虽出乡邑，予髫年游学于外，未习闻也……比谢事家食，乃得闻银冶之详。往者督办官局功多利寡，固无足论。今则逐利之家，

图三

图四

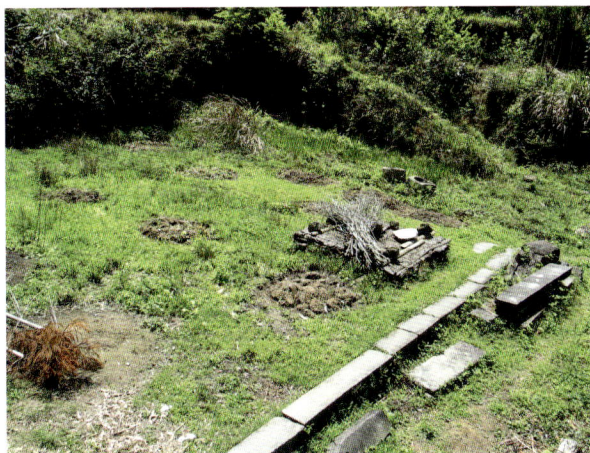

图五

募人穴山而取矿，烛导蛇行，以椎凿分寸而断之，坚者则腐之以火，火烈石爆，时有糜烂立毙者，或陷土石而葬其中。或无二者之祸，而坐之粪壤寒水之中以为常，形貌饮食殆与猿猱蛇鼪无异，冒冷烟毒物疲蚀而死者不计也。倾数载之资少有得或稍赢焉，而有力者已睥睨其旁，百计而渔侵之，或直攫之，而不惮使其人饮憾扼腕而不之恤……呜呼，银冶之毒殆有过于捕蛇、采珠者欤？"[13]

曾二尹即曾涛，"成化初任景宁县丞，五年任选督矿课，九载休致"。曾涛于成化十四年（1478）致仕，该文必成于是年[14]。由此知，采矿的主要方法有二：椎凿法、火爆法[15]。民间聚众私采的乱象及矿工的艰辛，今日读来，犹催人涕下。

"太监基"遗址

与银坑洞不同，冶炼区多选择在近山脚的平旷地，附近有水源。今渤海坑村有冶炼遗址，地名"太监基"，俗传当地出过太监，故名。

当地人认为"太监基"即陈鎜炼银所在，并无确证。但我在东畈村采访某夏姓老人，老人识字不多，却能娓娓道出"鎜公"故事，尽管"鎜"字十分生僻。太监基是明代冶银遗址，为当地周知。

今太监基遗址，地面不见明确与炼银相关的遗物。但有一处老屋基，在村民夏得雨宅基地西侧，部分为夏宅所占。暴露的屋基面阔约14米，进深约8米，左、后、右三方为整饬的石驳墈。条石地栿用材粗大，规格远高出一般的山区民居（图五）。该基址是否为明代遗构，未敢遽定，但其地僻处荒郊，素无祠堂、寺庙等公共建筑，是可以肯定的。

地名"太监基"，尤须重视。明代的银课征办多由太监负责，即所谓"以内臣监之"。康熙《云和县志》载境内的明银官局共有两处，一为"石富官局，在五都，离县二十里，乃管坑内臣治事之所，旧名'太监局'"；一为"黄家畬太监局，在三都，去县三十里，乃管坑内臣治事之所。以上今俱废，基存"[16]。

银官局亦称"太监局"，为"管坑内臣治事之所"。渤海坑"太监基"或即"太监局"的讹名，也可能是指太监局的屋基。如是，明代渤海坑曾设有银官局，前文提到的"老屋基"可能即银官局的基址。

太监基遗址及附近的银坑洞，均在滩坑水库淹没线之上。倘能发掘，再辅以全面调查，于浙南银冶史的研究应有裨益。

注 释

[1] a.《明实录·英宗实录》卷一一九："（正统九年闰七月戊寅）命户部右侍郎王质往福建、浙江重开银场。初，洪武间……浙江岁课二千八百七十余两。永乐间……浙江增至八万二千七十余两。"b.《英宗实录》卷二四八："（景泰五年十二月壬辰），镇守处州浙江都指挥王瑛奏：'处州银场利害有二：曰岁办，曰闸办。岁办者，洪武中原额本府每岁一次送纳不及三千两，于民有利而无害；闸办者，永乐、宣德中渐增，差官四

季征纳。如本府青田县，今新分设景宁县，洪武中岁办不及一千两，今闸办至一万四千三百余两，民深被其害矣.'"

[2]《宪宗实录》卷四〇："(成化三年三月辛巳)内承运库会计岁用赏赐之费不给，请于浙江等处旧罢银坑内如例采之……既而，六科十三道文章言'方今国家赋急民穷，银坑封闭有年，乃复采取，未免劳人，且贻患地方，祈暂停止'。诏以采办银课乃祖宗旧制，已从减省，不必停办。"

[3]《神宗实录》卷二二七："(万历十八年九月辛亥)上令文书官到传圣问：'开矿一事，节经诸人题请，如何不见该部复来？'辅臣申时行等回奏言：'天地生财，本以资国家之用。况今帑藏无余财，山泽无遗利，则权宜开矿，亦是理财一策。但开矿必当聚众，聚众必当防乱……户部所以迟来回复之意，一者防患，二者惜财，三者恐差官骚扰地方。'"

[4] 光绪《处州府志》卷十二《戎事》，多有明代"矿徒"肆虐地方的事例。《中国地方志集成》第63册，上海书店，1993年。

[5] 据注[1]b青田县洪武年间"岁办不及一千两"，景泰五年"闸办至一万四千三百余两"。比照注[1]a"洪武间……浙江岁课二千八百七十余两"，洪武年间青田岁课约占浙江总额的1/3强，比照《英宗实录》卷三三五"(天顺四年四月己酉)命太监卢永、罗珪，少监冯让，内使何能闸办银课。永闸办浙江各银场，银三万八千九百三十两"。景泰五年青田县的闸办额，较天顺四年的浙江总额依然占1/3以上。笔者按，此处的青田县包括景泰三年自青田析置的景宁县及民国时期析置的文成县，地域较今天青田县大。据《青田文物图集》第55页(中央文献出版社，2007年)，今已发现青田境内的明代银矿址仅两处，即海溪乡东坑村三面岩坛银矿洞址、舒桥乡王岙村银坑基降银矿洞址，王岙村《王氏宗谱》载"银坑，东去七里，山出矿石。皇明永乐间，太监阮随奉诏开坑采矿"。

[6] [清]周杰：《同治景宁县志》卷一《封域》，《中国地方志集成》第64册。后文简作《景宁县志》或《县志》。

[7]《景宁县志》卷二《建置》"废坑诸址"条。笔者按，《县志》所载的11处废坑，记地望方位甚详，按图索骥，应不难发现。又，银坑的废弃并无固定年限，浙南的多数矿场并不具备长期开采的条件，矿脉会在短期内枯竭，如《宪宗实录》卷二一五："(成化十七年五月庚辰)减浙江泰顺县银课。初，县地有新发银矿，民争采取，

提督银场太监卢永等请官煎炼，以杜民争。至是，矿脉渐微，仅得银九百九十余两，所司乞减原额，自后止以今岁银数解纳。从之。"

[8] 道光戊申《回图陈氏族谱》卷三《墓记》。笔者按，《渤海陈氏族谱(家乘)》现存4种，分别是道光戊申本、光绪庚寅本、民国癸酉本、1995年本，均藏当地村民家。笔者皆曾寓目，道光本仅存卷三，余皆足本。

[9] 民国《渤海陈氏家乘》卷二《行实》,陈瀯事迹并见《景宁县志》卷十《笃行》；《县志》卷一《古迹》"陈瀯旧道"条，载有一则陈瀯与同县巨富胡岳的竞富逸事。该事今天仍为渤海族人熟知，足证此事在当时具有较大影响，也说明民间口碑史料作为旁证的可靠性；《县志》卷二《邱墓》载"义士陈瀯墓，在一都凤山"。实际上，陈瀯为景宁巨富，由乃父陈旭墓的规模可一目了然。

[10]《景宁县志》卷九《选举》"制贡"，陈伦、陈佑为嘉靖年间"岁贡"。伦、佑，皆瀯子，见《陈旭墓志铭》。

[11]《景宁县志》卷二"废坑诸址"条后编者按语："《旧志》论曰，近宝之国，其民必贫，为其不力本也。明时邑银坑十有一，岁输课额四千四百四十六两，以内臣监之，利归豪右，课摊贫民。"又，《明史纪事本末》卷六五《矿税之弊》中有"富者编为矿头，贫者驱之垦采"语。

[12] 银坑洞的闭塞，多为自然因素造成。但在闭矿时期，也有人为封闭的可能，如《英宗实录》卷一五二："(正统十二年四月辛亥)监察御史柳华奏：浙江处州山多田少，民无以为生，往往于福建、江西诸银、铁、铅场盗采，皇上屡谕复业，不听……其诸处坑场俱埋以锐竹片，布以铁蒺藜，毁其私置之具，窒其私采之穴，塞其私往来之径。"

[13] [明]潘琴：《送曾二尹致仕序》,《景宁县志》卷十三《艺文志》"序"。又，潘琴传记见《民国景宁县续志》卷十六"艺文"《福建兴化府知府致仕进阶亚中大夫鹤溪潘先生墓志铭》。

[14]《景宁县志》卷七《职官》"县丞"。

[15] 银矿开采的火爆法，南宋已普遍采用，这种技术利用矿石热胀冷缩的原理，以火灼烧采矿面，破坏矿石的内部结构，然后沿纹理开采，酥脆易采，从而提高劳动生产率。参见王菱菱：《银矿中火爆法、灰吹法的应用》,《宋代矿冶业研究》，河北大学出版社，2005年，第69页。

[16] [清]林汪远：《康熙云和县志》卷二《县治(县属类附)》，云和县志办刊印本。

新见蔡侯朔之用戟

陈 阳（中国财税博物馆 310002）

【摘要】本文通过讨论一件新发现的蔡侯朔之用戟，确定了另一件已收入《殷周金文集成》的蔡国戟上的蔡侯之名及该字的写法，并进一步讨论了春秋末期蔡国与吴、越国的关系。

【关键词】蔡侯朔 戟 蔡国 吴越

近日于友人处见到一件蔡侯戟，其铭文可以帮助我们重新认识《殷周金文集成》中的一件蔡侯器，故在此做一介绍，并作初步的讨论。

此戟原为分体戟，现仅见作为主体的戈部（图一）。该戈原断为三截，虽经拼对修复，细看依然能观察到拼接处。通体布满绿锈，援部中段、内尾端、胡底端均有成片的土黄色锈蚀，援锋呈紫黑色锈。戈援身近水平，锋弧线型，援脊隆起，援本上缘有一个矩形小穿，现已被锈蚀物填满。中胡，胡近阑处有二长条形穿，有双排六字错金铭文"蔡侯朔之用戟"（图二）。窄阑，下阑齿尖端收束。长方形内，上角方转，下角有缺，内上有一长条形横穿。近尾部饰错金勾边双线纹，多半已锈蚀，残存部分如图所示。戈自前锋至内尾通长25、高11.6、内长6.5、宽2.5厘米。

这件戟的出现，至少有助于我们对两个问题的认识。

第一，有助于我们确定另一件戟上的蔡侯之名及该字的写法。

我们知道，类似戟于1980年9月在安徽舒城九里墩墓中曾出土一件（图三）。该墓早期被盗，残存器群的相关资料发表于1982年第2期《考古学报》[1]。

九里墩墓所出的蔡侯戟为戈矛分铸式，矛残长15厘米，三棱形脊，扁圆形骹。戈通长24厘米，援较细平直，中脊隆起，阑侧三穿，内略下垂，上有长方形和圆形两穿，后缘圆而略垂，内上有错金花纹，援、胡上有错金铭文共6字，其中第二字锈蚀严重，脱落殆尽，第三字也模糊不清（图四）。虽然该戟为蔡侯戟无疑，但具体为哪一位蔡侯，有几种不同的意见：（1）殷涤非曾专门讨论该墓所出的青铜鼓座，以为乃春秋末期徐国之遗物，并推定该戟上的铭文为"蔡侯侏之用戟"，且这一戟为墓主"克楚师"的俘获品[2]。（2）陈秉新认为铭文应为"蔡侯逆之用戟"[3]。（3）张亚初释蔡侯名为"乇"[4]，《殷周金文集成》一书采用张亚初的释法[5]。（4）崔恒升将第三字隶定为"屮"。（5）李治益对照原器对铭文做了分析，推测第三字当为左从屮（隶定为屰），右从月，即朔字，该戟为蔡侯朔之用戟[7]，井中伟在《先秦时期青铜戈戟研究》中采用了这种观点[8]。

对比新见蔡侯戟和九里墩墓戟的铭文摹本，我们不难发现李治益对九里墩戟铭文的推测是正确的，但是其文字隶定稍有偏差，朔字左边当为屮，而非乇。金文中所见"朔"字极少，《殷周金文集成》仅见梁十九年无智鼎（5.2746）铭文中有"省朔旁"（图五），

图一

其中"朔"字左边的写法和新见蔡侯朔戟一致。这样，长期以来各家对九里墩戟铭文的讨论可以告一段落，我们可以清楚认识东周时期"朔"字的写法，《殷周金文集成》中对九里墩墓戟的释文亦当加以修正。

蔡侯朔即蔡成侯，在《史记·管蔡世家》中有明确记载，公元前490年至公元前472年在位，为蔡昭侯申（前518—前491年在位）之子，蔡声侯产（前471—前457年在位）之父。

第二，进一步证明了春秋末期蔡国与吴、越的密切关系。

据友人介绍，该戟购自绍兴某文物市场，出售人言出自绍兴本地。

蔡国是西周初年最早分封的姬姓诸侯国之一。首封蔡叔度，是文王第五子，武王弟，与管叔、霍叔一起，就近监视被封于殷的商纣之子武庚及其所统领的殷遗民，史称"三监"。成王时管蔡叛乱，周公旦承成王命伐诛武庚，杀管叔，而放蔡叔。后成王复封蔡叔之子胡于蔡，以奉蔡叔之祀，是为蔡仲。

春秋时期，王室衰微，大国争霸，诸侯逐鹿。作为周的同姓诸侯，又地处汝水中游，蔡国起着"南捍荆蛮，而北为中原之蔽"的作用，具有重要的战略地位，与中原多国及南方迅速崛起的楚国一起活

跃于历史的舞台，还曾经一度被楚灵王所灭，到楚平王时复立蔡平侯。蔡平侯复国后，将国都由上蔡（今河南上蔡）迁至吕亭，改称新蔡（今河南新蔡），依附楚国。蔡昭侯时，东方吴国兴起，蔡为报灭国之恨，转而依附吴国，参与了著名的吴国伐楚战争，攻入楚国郢都，与楚结怨。在楚国的逼迫下，蔡昭侯二十六年（前493）将国都再迁州来（今安徽寿县），称为下蔡。蔡昭侯之后，又历成侯、声侯、元侯，至蔡侯齐时，为楚国所灭，时在公元前447年。

纵观蔡国历史可见，春秋末年蔡国与吴越两国关系非常密切。这种密切的关系，在考古工作中得到了印证。目前，学界普遍认为1955年治淮工程中发现的安徽寿县西门内蔡侯大墓即蔡昭侯申之墓，该墓出土遗物500余件，以铜器为大宗，计486件，其中有铭铜器50余件。由于铜器品种丰富，时代明确，组合完整，制作时间大体在蔡昭侯在位的公元前518年至公元前491年，成为判断春秋晚期青铜器的标尺。其中我们熟知的两件吴王光鉴，为吴王光嫁女于蔡的媵器，还有是蔡侯为大孟姬所制的盘、尊、缶等媵器，器型与吴越地区的尊形相似，仅纹饰相异，显然是受到吴越文化的影响。

至于蔡成侯和蔡声侯的墓目前还没有形成统一意见。杨德标曾经将九里墩墓出土的器物与寿县蔡侯墓、淮南赵家孤堆蔡侯墓和霍山蔡墓的出土物进行比较，认为九里墩墓的墓主为蔡成侯朔[9]。《中国古代青铜器》一书则将九里墩墓所出青铜器归入群舒青铜器群讨论，并认为墓主有可能是"楚国占领该地后封于此地之贵族（封君）"或"群舒之贵族"

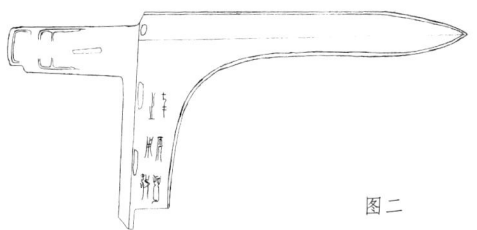

图二

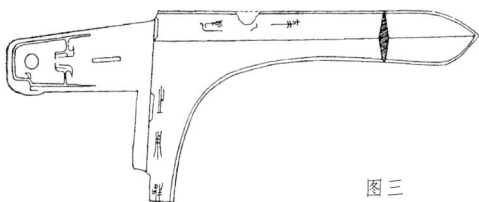

图三　　图四

图五

[10]。作者没有列举得出此结论的更多理由，估计应是受该墓所出青铜鼓座及其铭文提到余（舒）的缘故。

部分学者认为安徽省淮南市蔡家岗赵家孤堆二号墓应为蔡声侯墓。该墓出土错金铭文"蔡侯产"剑，以及吴王夫差戈、吴太子剑、越王者旨於睗戈等吴越兵器。

春秋末年，越国逐渐强大，可与吴国抗衡，两国常有摩擦。公元前494年，句践败于夫椒，向吴臣服。但经过20年的休养生息，越国重新崛起，于公元前473年，即蔡侯朔去世的前一年，灭掉吴国。这20年，吴国力量由强转弱，越国力量则由弱转强。蔡侯朔在位的时间几乎与此同时，他亲眼见证了两国力量对比的戏剧性转换，作为邻邦，也必然与两国都发生联系。这样，蔡国的兵器出现在越地是非常自然的事。至于蔡国兵器是以何种途径进入越地，就目前的材料已经无法确知了。

注　释

[1] 安徽省文物工作队：《安徽舒城九里墩春秋墓》，《考古学报》1982年第2期。

[2] 殷涤非：《九里墩墓的青铜鼓座》，《古文字研究》十四辑，1986年。

[3][9] 杨德标：《舒城九里墩墓主考》，《楚文化研究论集》（第二集），湖北人民出版社，1991年。

[4] 张亚初：《蔡国青铜器铭文研究》，《文物研究》第七期，黄山书社，1992年。

[5] 中国社会科学院考古研究所编：《殷周金文集成》（第十七册），1992年。

[6] 崔恒升：《安徽出土金文定补》，黄山书社，1998年。

[7] 李治益：《蔡侯戟铭文补正》，《文物》2000年第8期。

[8] 井中伟：《先秦时期青铜戈戟研究》，吉林大学2006年考古学及博物馆学博士论文。

[10] 朱凤瀚：《中国古代青铜器》，南开大学出版社，1995年。

皖南出土的青铜人面形牌考

朱华东（安徽大学历史系　230039）

【摘要】 安徽铜陵出土有7件人面形牌，造型奇特。本文结合民俗学材料，对此类器物的功用、族属做了简要探讨，同时以岭南发现的相似器物为参考，分析了两地同类器物的异同，认为后者是在继承皖南器的基础上演变而来的。

【关键词】 皖南　青铜人面形牌

在整理皖南商周青铜器资料时，我们发现了一批小件器物，多数用途目前不甚明了，由于在周边地区发现甚少，故独具地域特色。本文介绍的这一类器物，现藏于铜陵市博物馆，共7件，根据外形特征，我们将其命名为"人面形牌"，其中的两件在《皖南商周青铜器》[1] 一书中业已刊出。现将具体材料公布，并予以尝试性分析，见教于方家。

一

此7件器物发现于铜陵县朝山村，出土过程不详，为群众偶然发现，经事后追缴所得。

其共同之处在于：器物大小相近，造型相似，上部为人首造型，高约6厘米，五官清晰可辨，甚至包括眉毛和鼻孔等细部特征。人首之下联铸扁方形铜柱，中空，背面下方有一銎孔。人首略前倾。此类器物两面大部分均有纹饰，正面集中在首下的柄部，反面位于首部。整件器型长约12厘米。

7件器物可分为两型。A型4件（图一），高12厘米左右，额头饰卷曲纹四缕，面颊两侧与鼻侧均有月牙形凹纹。扁圆形眼，嘴部呈龇牙状。铜柱中部有一栏联珠纹，分别有7珠，中间填三角形纹。

人首背面饰三组纹饰，由上而下分别为菱形纹、雷纹和连体三角纹。其中一件较为特别（图二），除左侧面颊颥一蜥蜴状纹饰，别无他饰，方柱上也无连珠纹，但首部背面纹饰最下方多出一组云雷纹。B型3件（图三），高度与A型相当，圆目，人首无黥面，背面也无纹饰。其中一件高12.6厘米，柱上饰三角纹但无连珠纹。类似器物有两件，均为圆睛，面部无纹饰，一件嘴部较特别，为厚唇造型。除B型一件唇部特别外，其余6件均在唇部刻出上下两排牙齿，只是B型较A型数量略少。

先秦时期的长江下游属百越活动之区域，吴太伯"奔荆蛮"说明这里早在吴国建立前就存在着古老的民族，安徽长江南岸的铜陵一带也不例外。春秋中晚期这一块区域政治格局十分复杂，由于地处吴国东境，西接楚国，隔江与群舒之地相望，地理位置相当特殊，加之铜矿资源丰富，先秦时期自是兵家必争之地，文化交流和冲突也较吴国腹地相对频繁一些。生活在这里的是属于百越民族的一支族群，在政治上虽臣服于吴国，但区域文化与宁镇地区的吴文化有所区别，具有地域特色。

这些在铜人面牌的造型上可略窥一二。人首面部

图一

图二

颧面和额头刺有纹饰，这与文献记载的越族特征一致。《楚辞·招魂》载："雕题黑齿，得人肉以祀，以其骨为醢些。"另据《皇清职贡图·卷四》记载，西南夷的"伢人……常刺额为花草蛾蝶状，所谓雕齿漆齿也"。在4件人面牌的人首额头存在雕刻的几组卷云纹，恰好与"雕题"之意相符。此外，所有7件都不约而同对吻部加以夸张处理，尤其是其中的6件，将嘴唇刺纹，看似龇牙状，实际上可能是一种纹唇的习俗。这种对局部特征的夸大化处理，其原型必定是对当地居民外貌特征的客观写照，唇部的这种齿状纹可能是对当地人"黑齿"的如实反映。此外，A型一件左面颊刺有一只蜥蜴状动物纹。这些特征均与越人的"文身"习俗有关，但不同的地域所偏爱的纹身部位有所区别，目前吴越出土文物中人物形象就与此有别，如丹徒北山顶墓所出杖墩与绍兴306号墓所出铜屋所表现的吴越人形象，其前额有刘海，脑后束有椎髻，纹身也局限于头以下部

位，人首无任何纹饰。黥面的吴越人形像还是较少见的。

综合以上特征可见铜陵人面牌所表现出来的越人风俗与江浙一带是有所差异的，这些人面牌突出反映了当地越人的外貌特征。此外，铜陵人面牌饰为何存在"雕题"与素面两类？我们认为可能与所表现对象的性别有关。无"雕题"的圆睛类共3件，整体轮廓特征要弱于前者，眼睛、牙齿乃至耳部都要小于另外4件，首后无任何纹饰，而表现出来的神态也反映出其地位更卑微，所以可能为当时的下层女性形象。

二

人面牌共7件，外型差异很小。人面下附的扁方形空柱和用以固定的銎孔表明，此类器物是安插在一木柱之上。就目前的材料看，吴越一带并无其他类似器物出土，反倒是千里之外的岭南有所发现，当地学者称其为"人首柱形器"，年代上基本属于战国时期[2]。岭南的此类器物均出自土坑墓，绝大多数有4件，对称分布于墓的四角，极个别为1件或2件。出土地点集中在四会县、怀集县和罗定县[3]，以罗定背夫山一号墓为例，"柱形器"两两相对出土，竖立在墓底两端，面部朝向墓坑外，横向相距20厘米[4]，根据墓葬平面图比例，两对器物纵向相距约3米。

但是岭南发现的"人首柱形器"与皖南发现的同类器物存在部分差异。首先，两地器物体量不等。岭南发现的数件柱形饰，一般首下有一截细颈，与其下的方柱形成明显的分隔。总长虽在20厘米以上，但除去颈高，人首高度仅有4厘米左右，而皖南器均在6厘米以上，显得较为大气。其次，两地造型略有不同。岭南人首造型多数很简单，五官不全，写意成分较浓，有的形象甚为丑陋，制作较为粗糙。相比而言，皖南的几件不仅一次性出土数量多，且造型统一，五官俱全，局部刻画生动。此外，岭南器人首较小，个体差异明显，比较追求人首的立体写实形态，多数模拟真实人首的轮廓。相比之

下皖南的人首较扁平，更注重在平面上表现人首的细部特征，这尤其表现在面部的刻画上。再者，两地安装方式也略有不同。岭南多有横向的锲形铜栓固定，皖南部分首下连铸的扁方柱背部留有一圆孔，这样，使用很短的竹木钎即可将其固定在木杆之上。最后是年代上的差异。由于铜陵人面饰与一件鸟形饰伴出，鉴于此类鸟形饰件与繁昌汤家山所出2件有异曲同工之妙，年代上差距也不会太大，根据汤家山铜器群的年代推测此物下限应在春秋时期。而岭南墓所出人首形器要晚到战国时期，时间上总体是要晚于皖南的。

三

要探讨皖南铜人面牌的功用，就要涉及到岭南出土的类似器物。对于岭南"人首柱形器"上的人首，多数学者认为是越人猎头习俗的反映，"用铜铸成祭祀人首，使得用人头祭祀永久化"[5]。至于其用途，目前有多种推测，如"车饰"[6]、"仪仗器"[7]、"棺柱头饰"[8]或"象征意义的随葬品"[9]等。这些结论的得出，有的仅是简单的推测，有的则利用了较为充足的民族学材料来论证。对于这些安置在扁方柱上的人首形铜像，我们先从两个角度加以考虑。

首先是柱头出现人首的象征意义。根据蒋廷瑜先生的考查，在广西的南丹崖洞墓就发现了用于固定棺木的立柱顶头刻有人头和牛角的现象，他认为这分别是猎取人头的纪念物和财富的标志。根据岭南一带的战国墓内发现的铜人首位置，可以肯定当时这些器物的确是用于随葬的，这与南丹崖墓有些相似。但我们也发现，南丹崖洞墓并不是所有棺木上的立柱都雕有人首或牛角，在一个墓群中相对比例还是较小的，而且带有柱头饰的，一般也只有一至两根。此外这些柱头中，饰牛角的比例要大于人首。同样的问题也出现在岭南战国墓葬中，这片区域的墓葬发掘已有不少，据统计共发现人首形柱饰27件[10]，但也并不是所有规格较高的发现有青铜器的墓葬中都有铜人首器，而且其数量在各墓中也不等，多者四件，少者仅一件。这样看来，当

地并不是每一位死者都能享有在棺柱头雕刻人首的待遇，这势必牵涉到一个问题，即这些可以拥有铜（木）人首的逝者又是什么身份呢？

我们推测岭南随葬此类器物的人为当时的一些善于猎头的勇士，为此获得了一定的身份，死后被给予用铜制人首作为随葬的权利，而人首的数量仅是一个抽象数字，不一定就要反映死者生前猎获的真实数目。猎头习俗在世界很多地区都广泛存在，他们对人首的理解要有别于砍下奴隶或战俘的首级用于祭祀的涵义，在这些民族中，猎获的人首被赋予了崇高的敬意，可以理解为对人头的崇拜。在近代佤族中一旦有人猎获人首，便是村寨中的一件盛事，村民对其顶礼膜拜，因为猎获的人头可以保佑他们庄稼的丰收，村民将人首安放在"木鼓房"中，一年后便移至"鬼林"的木桩之上[11]。此则资料可见甚至在近代的南方，猎获的人首与用人首来随葬不但发生不了任何联系，也没有将其视作个人财富的迹象。墓葬中所见的铜制或木制的人首实际上便起了替代真正人头的作用，安置在墓葬中，其用意更侧重于墓主的特殊身份，还不能直接与财富的多寡产生联系。

其次是安置人首的柱杆。岭南器的用于随葬已很清楚，这也可从其下的扁铜方柱看出，下端安置的木杆呈短长条状，很不适于手持，而应是安放在某一固定位置之上，明显与鸠杖或权杖杖头下的圆銎孔不同。至于为何将铜人首下连铸一段铜杆，将

图三

51

其安置在木杆之上，而不是仅以铜人首随葬，这就与猎头习俗有关了。云南的佤族将猎取的头颅视作神灵，每次在新猎获头颅之后，以前的头颅便被放到村寨附近的"鬼林"之中，将人头置于木桩之上。在木杆之上用青铜制的人首造型来替代真正的人首，无疑就是相关习俗的反映。

铜陵的人面形牌与岭南的人首柱形饰设计思路基本一致，其象征意义大体与后者相似。

既然两地器物有异曲同工之妙，那又有何种关系？我们认为，岭南的人首柱形器是受皖南人面形牌影响而形成的。上文已将岭南器出土的集中区域做了介绍，在该地的墓葬中多出土青铜短剑，春秋时期这里流行的剑式为一种无格扁茎有穿剑，与中原剑型相似。但在战国时期逐渐被吴越剑型所取代，其中一种扁茎有圆首的薄格剑特征较为突出。这型剑在楚地极少见，吴越其他地区也不多，但却在皖南铜陵、繁昌、南陵一带多有发现，而且该地早期青铜剑基本为此类短剑型，扁茎，有首有格，时间多在西周晚期至春秋早中期，之后逐渐被圆茎剑取代[12]。此可作为一证。由于春秋晚期后铜陵一带复杂的政治格局，推测这里的一支流行使用扁茎短剑的族群被迫南迁至岭南定居下来，与当地文化相融合，从而让使用人面牌饰这种习俗得以继承和延续，但造型和用途也产生了变异。首先是造型日渐粗糙，明显处于衰变时期。其次，数量也可能出现了变化，岭南往往是4件一组立于棺木四边，用以随葬。铜陵一次出7件，如果为墓葬所出，就明显有别于岭南一带的习俗。

皖南青铜器据整理有500余件，多数出于铜陵、繁昌、南陵这一沿江产铜带，但由于客观原因，多数器物属偶然发现，缺少出土背景。除了朝山村这一地点外，人面形牌在该区域内再不可寻。尽管这片地域土墩墓分布较为密集，规模也较宏大，但经过发掘的数量不多，而且出土物多为陶器，所以给探讨人面形牌的起源、演变、族属与功用带来了困难，但我们相信随着皖南考古发掘和研究的深入，对于人面形牌的研究肯定会得以深入。

附记：本文为国家级社科项目《皖南商周青铜器整理与研究》阶段性成果之一。

注 释

[1] 安徽大学、安徽省文物考古研究所：《皖南商周青铜器》，文物出版社，2006年。

[2] 广西壮族自治区博物馆：《近年来广西出土的先秦青铜器》，《考古》1984年第9期。

[3] 笔者根据岭南青铜器发现简史统计所得，资料出自李龙章：《岭南地区出土青铜器研究》，文物出版社，2006年。

[4] 广东省博物馆、罗定县文化局：《广东罗定背夫山战国墓》，《考古》1986年第3期。

[5][8] 蒋廷瑜：《铜柱形器用途推考》，《考古》1987年第8期。

[6] 广东省文物管理委员会：《广东清远发现周代青铜器》，《考古》1963年第2期。

[7] 何纪生：《略论广东东周时期青铜文化及其与几何印纹陶的关系》，《文物集刊》，文物出版社，1981年。

[9] 黄静：《浅谈人首柱形器及其用途》，《广东省博物馆集刊》，广东人民出版社，1997年。

[10] 李龙章：《岭南地区出土青铜器研究》，文物出版社，2006年，第208页。

[11] 王胜华：《西盟佤族的猎头习俗与头颅崇拜》，《中国文化》1994年第1期。

[12] 朱华东：《皖南周代青铜器初论》，《东方博物》第25辑，浙江大学出版社，2007年。

丽水胡椒坑畲族祖图

吴东海 雷 虹（丽水市博物馆 323000）

【摘要】畲族是中国现存的较古老的民族之一，具有悠久的历史和独特的传统，其中各支族自行绘制的祖图是最富特色的民族文化遗存之一。本文以丽水联城镇胡椒坑村现存的绘制于清光绪四年（1878）的祖图为例，介绍完整的一套畲族祖图所包含的主要内容，以及它在祭祀仪式上的使用情况等相关问题。

【关键词】胡椒坑 畲族 祖图 仪式

浙南山区的丽水、温州市，是畲族的主要聚居地，畲族人口占全省畲族总人口的19.42%和28.63%，且民族传统保持良好。丽水市博物馆历来重视畲族文物征集和畲族历史文化调查的记录工作，先后多次组织对畲族文化遗产的调查、征集、保护工作，取得了丰硕成果。本文介绍丽水联城镇胡椒坑村所保存的一套完整的蓝氏畲族祖图，并就其在畲族传统文化中的使用方法及价值进行初步研究。

一 胡椒坑蓝氏祖图

由于畲族祖图是各支族自行绘制的，所以各具特色，略有差异。浙江省博物馆白桦在《东方博物》（1996年卷）上也介绍了长卷畲族祖图的内容，其实并不完整。

根据畲族的传统，完整的一套畲族祖图，都是以多幅画幅组成的，称为一堂祖图或一套祖图，如丽水高溪仙草坪的祖图一套总数为21件图幅，而本套胡椒坑祖图则为25件图幅。综观所有祖图，其中二幅长达700厘米的长卷，主要情节都相同，全部是围绕始祖盘瓠王一生事迹编绘，始终是整套组图一个中心。为全面介绍畲族祖图的内容及涵义，下面选择介绍丽水市联城镇胡椒坑村所存的蓝氏支族全套祖图。

根据这套祖图长轴后卷尾后的题款，是于清光绪四年（1878）由胡椒坑的蓝千二郎等助缘银主持绘成的，聘请当时的丽邑碧湖画师程骏绘画。其25件图幅分别是：

（一）始祖出身初起（图一）

白粗布质，彩色绘制。即图画长卷的上部分，主要内容为讲述畲族始祖盘瓠忠勇王出身的故事，依次为：（1）太昊伏羲氏。风姓有圣德，象日月之明，故曰太昊，始画八卦都陈，在位一百五十年。（2）太古氏，是混沌初开之分即为太古氏。（3）神农氏。姜姓以火德王，故曰炎帝，都曲阜，物艺五谷，作医书，在位一百四十年。（4）颛顼高阳氏皇帝。孙昌意子，姓姬，都帝印，始作历，后世以为历宗，在位七十八年。（5）帝喾高辛氏。少昊孙，名夋，姓姬，都豪，作九韶之乐，在位七十年。（6）斯探报到西番燕王反过。（7）高辛王梦中见娄金犬下凡救渡高辛。（8）乃太皇（应是太后）而不知得受奇痒左耳中，请名医取出金虫。（9）高辛帝看耳内挖出之虫，称斯金虫如玉洁百零八斑，奉太后拾

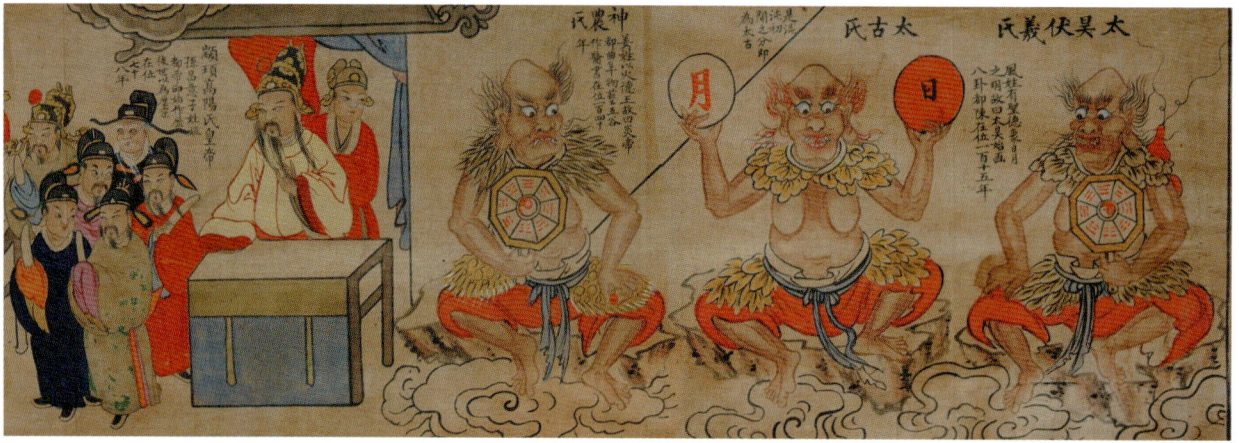

图一
始祖出
身初起
（自右至
左）

起身仰变何精。(10) 安篮内盖荷叶, 恰象金犬, 停三日见奸谋开口咬人。(11) 此勇士守虎阁, 今擒龙犬遇今日千里驹诸门表贴。(12) 此将军奉旨意天下提镇, 提到了各镇台立即回朝。(13) 娄金犬往六门皇表, 收到皇表写三公主结为姻婚。(14) 番燕王反过来, 途遇龙犬即为营收军兵三万八千。(15) 回营盘脚跨烂, 日流鲜血, 乃金犬口一咭血止爽晒。(16) 卧龙床床饮斗酒昏昏大醉。(17) 娄金犬咬断首立即飞回。(18) 收燕王跪金殿封王不肯, 原表上有一言公主招亲。(19) 七叩首停七日畜身变化, 第五日三公主偷眼看始变人身。(20) 斯金犬本非是凡间劣畜, 想当初梦里时全结良缘。(21) 有皇亲赐金匾銮驾一副, 五凤楼送过去作乐喧天。

(二) 始祖出身封赠 (图二)

白粗布质, 彩色绘制。横式画幅, 主要内容接着讲盘瓠王的故事: (22) 今送至飞鸾阁, 笙歌大闹, 但愿得今宵夜地久天长。(23) 飞 (金) 鸾阁生麒麟, 金盘捧献, 王大喜, 赐敕旨即是姓盘。(24) 我父王命开席, 寿旦共庆, 第二子抱金殿, 勅过姓篮。(25) 乃日时拜父寿, 孕担在腹, 彼而时生三男, 雷声大轰, 如腹内生下男敕赐姓雷, 四生女长入赘金钟为姓, 生三男育一女大赴高堂。(26) 今日去间山洞再学道法, 妻子门悲伤哭离别参商。(27) 去数载学道法, 书信传转, 奉旨意到间山接驾回家。(28) 得道回传子孙自欲一道, 奉上本宠皇封迁移广东。(29) 迁广东封功臣游山打猎, 龙虎岩奉玉旨一别升天。(30) 乃晓得探报到夫妻一别, 不该了龙虎岩跌靶而亡。(31) 为人生有美酒须当饮醉, 总有时寸光阴归到黄泉。(32) 这僧道来忏悔感孝恩父, 为人生还要敬天地君亲。(33) 生在耳终在树故牛拖棺, 为一生做甚事带木归阴。(34) 盘瓠王之墓, 此地名为凤凰山。(35) 斯节妇安夫埋带子本奏, 皇宠封侯伯爵盘蓝雷钟, 连叠奏广东地田山地畔粮税免纳, 准宠再封, 勤耕种世子孙永远团圆。卷末落款"丽邑碧镇程骏绘笔", 并有"大清光绪肆年岁次戊寅秋月日立, 土名胡椒坑"等年代、地点、助银者、操办者的记录。

(三) 玉清元始天尊 (图三)

白粗布质, 彩色绘制。竖式画幅, 蓝色布天地,

杂木杆为天地轴。画面绘玉清元始天尊, 执剑居上中, 略大。左6神右7神, 下排为四值功曹 (年、月、日、时), 再下一排为女神, 一排男神, 共39神像。

据《云笈七籤》和《道法会元》等道书记载, 清微天玉清境, 混洞太无元, 其气始清, 真道升圣境, 天宝尊 (元始天尊) 治之, 是道教中的最高尊神之一。

(四) 上清灵宝天尊 (图四)

白粗布质, 彩色绘制。竖式画幅, 蓝色布天地, 杂木杆为天地轴。绘上清灵宝天尊, 手执如意居上中位, 略大。其下有6手神像, 各执剑、铃、拂尘等, 或有两手合揖的, 共31神像。

据道书记载, 禹余天上清境, 其气元黄, 仙道升真境, 灵宝尊治之, 是道教中的最高尊神之一。

(五) 太清道德天尊 (图五)

白粗布质, 彩色绘制。竖式画幅, 蓝色布天地, 杂木杆为天地轴。绘太清道德天尊, 手执阴阳扇居上中位, 略大。另有"无头将军" (刑天) 和龙、麒、人三像, 还有三头六臂神像, 有一眼生掌中。

据道书记载, 大赤天太清境, 其气玄白, 人道升仙境, 道天尊居之, 是道教中的最高尊神之一。

畲族将天神、道教神与自己的祖宗神置于一起合祀之俗, 始于唐玄宗时, 这对畲族祀神崇拜和宗教仪式研究有参考价值。

(六) 猎神 (封二)

白粗布质, 彩色绘制。竖式画幅, 蓝色布天地, 杂木杆为天地轴。画面上方绘三猎神和祭品 (祭酒列五杯), 下方是众人 (神) 狩猎场面, 共28位人像, 有持枪、扛猎物的, 中间有一位畲族师公模样者。此猎神为畲族的生产神。

由于狩猎在畲民生活中占有突出的地位, 信奉猎神自古以来就是畲族人民的主要信仰之一。打猎前, 在猎神前烧香祷告, 猎获后用猎物祭谢, 若猎获丰, 再用三牲祭谢。若要猎虎、野猪, 要在猎神前杀猪祭祷。

(七) 五代容 (图六)

白粗布质, 彩色绘制。竖式画幅, 蓝色布天地, 杂木杆为天地轴。画面绘畲族一支族"大小百千万"五项 (有的还有"念"项) 祖公祖婆的祖宗神画像。

图二 始祖出身封赠（自右至左）

图三　玉清元始天尊　　　　　　图四　上清灵宝天尊　　　　　　图五　太清道德天尊

此为畲族本族的祖宗神画像，编排五（六）代容，表示血缘宗族中纵向的大小辈分，周而复始，即代表了该支族已故的所有祖宗神，象征氏族延绵不绝，并不是只讲五代祖宗之意。所以祭祀时所立香炉的数量就由此而定（还有一"偏房公"香炉，用毛竹节制，挂在墙或柱上）。这个画像类同汉族的祖宗像，但在畲族原始宗教中，又将其祖宗上升为氏族庇护神的地位，所以是从人到神的中间类型，具有重要的民俗学意义。

（八）十八阴阳（图七）

白粗布质，彩色绘制。竖式画幅，蓝色布天地，杂木杆为天地轴。绘十八阴阳神连接图像，自上而下连绘九阴九阳18个头像，男女相错，男像一律开目衔剑，女像合眼。最上端绘日、月图形，表示阴阳两界。

畲族原始宗教认为在阴司有掌管阳世间人之善恶的十八阴阳神，他们是在人归阴时分别予以报应

的审判官。

（九）右洞神将镇煞度关（图八）

白粗布质，彩色绘制。竖式画幅，蓝色布天地，杂木杆为天地轴。画面为众天神及"护国圣母陈氏（陈绪姑）"，还有飞翔的仙鹤。为求"粮丰人寿"，庇护幼童镇煞度关的通俗画。

人们总是希望人丁兴旺，但在旧时，由于卫生保健条件所限，新生儿往往会夭折，所以民间有了"煞"的传说，从而产生镇煞度关的说法，以保护新生儿顺利生长。

（十）左洞军兵祈求雨泽（封三）

白粗布质，彩色绘制。竖式画幅，蓝色布天地，杂木杆为天地轴。绘雷公电母（雷电神），中有骑马者，下有持"国泰民安"、"祈求雨降"之旗者。"军兵"、"神将"本来就是战神，在此又行巫祝之事，可见当时军事、巫事尚未分工。

民族兴旺离不开饮食，粮食的充裕又靠风调雨

顺，所以在各民族的传统风俗中，祈求风调雨顺是一项重要事情。畲族历史上刀耕火种，只有风调雨顺才能有一定的收成，于是祈求雨泽滋润是其民族的期盼，这幅《左洞军兵祈求雨泽》图，就是这种心理需求的佐证。

（十一）金鸡（图九）

白粗布质，彩色绘制。竖式画幅，蓝色布天地，杂木杆为天地轴。画面描绘的是金鸡图。

金鸡是太阳的象征。在历史传说中，太阳中住着神鸟，称为赤乌，经过漫长演变，赤乌变成了金鸡。金鸡司晨，代表着光明的来临，所以是中国民

图六 五代容

俗传统中圣洁的象征，畲族也不例外。

（十二）玉兔（图十）

白粗布质，彩色绘制。竖式画幅，蓝色布天地，杂木杆为天地轴。描绘的是玉兔捣药。

玉兔是月宫的代表。传说月宫中住着玉蟾，称为月精，经过漫长演变，嫦娥奔月故事产生后，玉蟾变成了玉兔。玉兔捣药代表着福泽人间，所以是中国民俗传统中圣洁、润泽的象征，畲族也是如此。

（十三）龙蛇洞（图十一）

白粗布质，彩色绘制。竖式画幅，蓝色布天地，杂木杆为天地轴。画面描绘的是两长龙蛇缠交，左下方有三法师踩火轮的形象，长蛇下有 12 人代表众军兵，两个被杀的人像代表敌方。它是一幅龙蛇神兵图，象征一营兵马是左营的龙蛇洞，神兵在灵蛇蛟龙的参与下，不断前进，战无不胜。

有人认为这是畲族受龙蛇图腾的伏羲部落影响的结果，也是畲族源于东夷部族的重要物证之一。

（十四）虎鹿洞（图十二）

白粗布质，彩色绘制。竖式画幅，蓝色布天地，杂木杆为天地轴。画面绘 5 人骑虎、6 人骑鹿状。头戴鹿帽虎帽的鹿兵虎兵手执法器（兵器），追击敌人。这是一幅虎鹿神兵图，象征右营兵马、神兵在虎鹿的参与下，乘胜追击。

有人认为这是畲族受虎鹿图腾的女娲部落影响的结果，也是畲族源于东夷部族的重要物证之一。

（十五）十殿（图十三）

第一殿，秦广王蒋。

白粗布质，彩色绘制。竖式画幅，蓝色布接首尾，杂木杆为首尾卷轴。画面描绘的是十殿图之第一殿，秦广王蒋端坐正中，两旁侍立着左右判官，下部为处罚鬼魂的"枉死城"场景。

秦广王蒋，二月初一日诞辰，专司人间夭寿生死。统管幽冥吉凶、善人寿终，接引超升。功过两半者，送交第十殿发放，仍投入世间，男转为女，女转为男。恶多善少者，押赴殿右高台，名曰孽镜台，令之一望，照见在世之好坏，随即批解第二殿，发狱受苦。

第二殿，楚江王历。

白粗布质，彩色绘制。竖式画幅，蓝色布接首尾，

杂木杆为首尾卷轴。描绘十殿图之第二殿，楚江王历端坐正中，两旁侍立着左右判官，下部为处罚鬼魂的"冷水池"场景。

楚江王历三月初一日诞辰，司掌活大地狱，又名剥衣亭寒冰地狱，另设十六小狱，凡在阳间伤人肢体、奸盗杀生者，推入此狱，另发入到十六小狱受苦，满期转解第三殿，加刑发狱。

第三殿，宋帝王余。

白粗布质，彩色绘制。竖式画幅，蓝色布接首尾，杂木杆为首尾卷轴。描绘的是十殿图之第三殿，宋帝王余端坐正中，两旁侍立着左右判官，下部为"鬼门关"场景。

宋帝王余二月初八诞辰，司掌黑绳大地狱，另设十六小狱，凡阳世忤逆尊长、教唆兴讼者，推入此狱，受倒吊、挖眼、刮骨之刑，刑满转解第四殿。

第四殿，五官王吕。

白粗布质，彩色绘制。竖式画幅，蓝色布接首尾，杂木杆为首尾卷轴。描绘的是十殿图之第四殿，五官王吕端坐正中，两旁侍立着左右判官，下部为处罚鬼魂的"血湖池"场景。

五官王吕二月十八日诞辰，司掌合大地狱，又名剥剟血池地狱，另设十六小地狱，凡世人抗粮赖租、交易欺诈者，推入此狱，另再判以小狱受苦，满日送解第五殿察核。

第五殿，阎罗王包。

白粗布质，彩色绘制。竖式画幅，蓝色布接首尾，杂木杆为首尾卷轴。描绘的是十殿图之第五殿，阎罗天子包端坐正中，两旁侍立着左右判官，下部为处罚鬼魂的"分别门"场景。

阎罗天子包正月初八日诞辰，前本居第一殿，因怜屈死，屡放还阳申雪，降调此殿。司掌叫唤大地狱，并十六诛心小狱。凡解到此殿者，押赴望乡台，令之闻见世上本家，因罪遭殃各事，随即推入此狱，细查曾犯何恶，再发入诛心十六小狱，钩出其心，掷与蛇食，铡其身首（包公即善于用铡刀），受苦满日，另发别殿。

第六殿，卞城王毕。

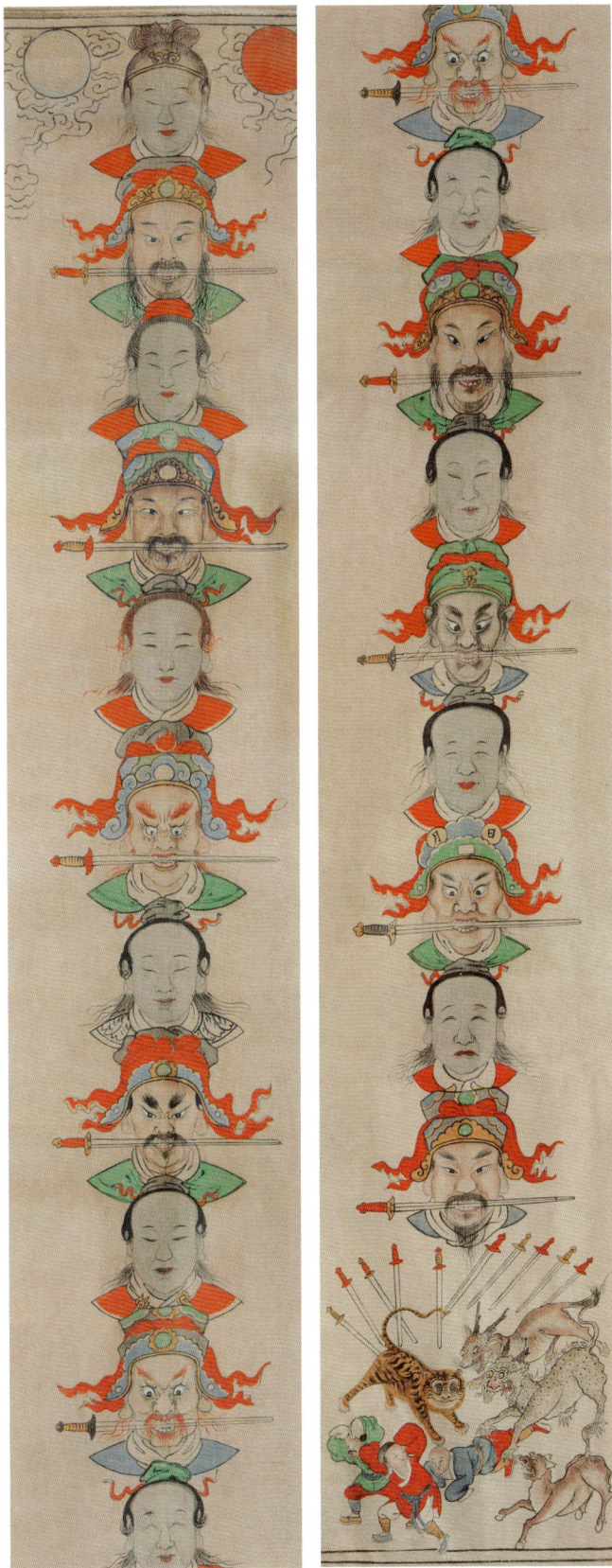

图七　十八阴阳

61

白粗布质，彩色绘制。竖式画幅，蓝色布接首尾，杂木杆为首尾卷轴。描绘的是十殿图之第六殿，卞城王毕端坐正中，两旁侍立着左牛头右判官，下部为处罚鬼魂的场景。

卞城王毕三月初八日诞辰，司掌大叫唤大地狱，及枉死城，另设十六小狱。忤逆不孝者，被两小鬼用锯分尸。凡世人怨天尤地，对北溺便涕泣者，发入此狱。查所犯事件，亦要受到铁锥打、火烧舌之刑罚。再发小狱受苦，满日转解第七殿，再查有无别恶。

图八　右洞神将镇煞度关

第七殿，泰山王董。

白粗布质，彩色绘制。竖式画幅，蓝色布接首尾，杂木杆为首尾卷轴。描绘的是十殿图之第七殿，泰山王董端坐正中，两旁侍立着左右判官，下部为对鬼魂的处罚场景。

泰山王董三月二十七日诞辰，司掌热恼地狱，又名碓磨肉酱地狱，另设十六小狱。凡阳世取骸合药，离人至戚者，发入此狱。再发小狱。受苦满日，转解第八殿，收狱查治。又，凡盗窃、诬告、敲诈、谋财害命者，均将遭受下油锅之刑罚。

第八殿，都市王黄。

白粗布质，彩色绘制。竖式画幅，蓝色布接首尾，杂木杆为首尾卷轴。描绘的是十殿图之第八殿，都市王黄端坐正中，两旁侍立着左右判官，下部为对鬼魂的处罚场景。

都市王黄四月初一日诞辰，司掌大热大恼大地狱，又名恼闷锅地狱，另设十六小狱。凡在世不孝，使父母翁姑愁闷烦恼者，掷入此狱。再交各小狱加刑，受尽痛苦，解交第十殿，改头换面，永为畜类。

第九殿，平等王陆。

白粗布质，彩色绘制。竖式画幅，蓝色布接首尾，杂木杆为首尾卷轴。描绘的是十殿图之第九殿，平等王陆端坐正中，两旁侍立着左右判官，下部为对鬼魂的处罚场景。

平等王陆四月初八日诞辰，司掌丰都城铁网阿鼻地狱，另设十六小狱。凡阳世杀人放火、斩绞正法者，解到本殿，用空心铜桩，链其手足相抱，煽火焚烧，烫烬心肝，随发阿鼻地狱受刑。直到被害者个个投生，方准提出，解交第十殿发生六道（天道、人道、地道、阿修罗道、地狱道、畜生道）。

此套祖图错为"第八殿平等王陆"、"第九殿都市王黄"，而按照中国传统的十殿图排列，应是"第八殿都市王黄"、"第九殿平等王陆"。本文据后者改写。

第十殿，转轮王薛。

白粗布质，彩色绘制。竖式画幅，蓝色布接首尾，杂木杆为首尾卷轴。描绘的是十殿图之第十殿，转轮王薛端坐正中，两旁侍立着左右判官，下部为对鬼魂的处罚场景。

图九　金鸡

图十　玉兔

转轮王薛四月十七日诞辰，专司各殿解到鬼魂，分别善恶，核定等级，发四大部州投生。男女寿夭，富贵贫贱，逐名详细开载，每月汇知第一殿注册。凡有作孽极恶之鬼，着令更变卵胎湿化，朝生暮死，罪满之后，再复人生，投胎蛮夷之地。凡发往投生者，先令押交孟婆神，灌饮迷汤，使忘前生之事。

（十六）地藏王（图十四）

白粗布质，彩色绘制。竖式画幅，蓝色布天地，杂木杆为天地轴。画面描绘的是一位骑着麒麟的地藏王像，着佛教袈裟装。

地藏王又称地藏王菩萨、幽冥教主。现今是地神，他虽然与阎罗王、死人和地狱有关，然而发誓要救助陷于地狱中的众生。地藏菩萨是佛教四大菩萨之一，《地藏菩萨本愿经》记载，其"安忍不动犹如大地，静虑深密犹如地藏"，是说他如同大地

一样含藏着无数善根种子。释迦佛又任命他作幽冥教主，即管理阴间，他于是发愿说"众生度尽方证菩提，地狱未空誓不成佛"，并且主张"我不入地狱，谁入地狱"。

二　祖图的使用

对于祖图的使用，在畲族传统文化中有严格规定，除了祭祖日展示外，一般只能在"做聚头"，也就是学师传师及做大功德时使用，平时不得随意展示。在两种不同的场合有不同的悬挂组合，介绍如下：

（一）"做聚头"时

（1）在学师者家中的堂屋，其中堂正面板壁上悬持四幅，分别为左《太清道德天尊》、中《玉清元始天尊》、右《上清灵宝天尊》、再右《五代容》。在其前放置供桌一张，供桌前围上桌衣。桌上放五只香炉及供品。五只香炉代表畲族的五种神，加右侧前

图十一　龙蛇洞（自左至右）

廊柱上一只竹筒香炉称偏房公，它们代表敬奉畲族所有的神祇，如天神、道教神、战争神、生产神、师爷神、祖宗神。

（2）在中堂左右板壁上，从内至外左右分别依次挂有《龙蛇洞》、《虎鹿洞》、《右洞神将镇煞度关》、《左洞军兵祈求雨泽》、《猎神》。

（3）在中堂前左右廊柱上，左挂《金鸡》，右挂《玉兔》。

（4）二幅长联挂法：在有天井的房子挂在左右明间、次间的上方，高过门额，从门额上绕过。另在没有天井的房屋，则挂在大门外左右两侧。《始祖出身初起》在左，《始祖出身封赠》在右。

另外，在"做聚头"即学师传师中，祖图中的《十殿图》、《地藏王》、《十八阴阳》等不使用。

（二）"做大功德"时

（1）在功德者家中的堂屋，其中堂正面板壁上张贴"香火榜"，其前为灵柩，再前放置供桌一张，供桌前围上桌衣。桌上放五只香炉及供品。

（2）在中堂左右板壁上，从内至外左右依次挂有十殿《左前五殿》、《右后五殿》、《龙蛇洞》、《虎鹿洞》、《右洞神将镇煞度关》、《左洞军兵祈求雨泽》。

（3）在中堂前左右廊柱上，左挂《金鸡》，右挂

图十二　虎鹿洞（自左至右）

《玉兔》。

（4）在左侧明间设师爷间，师爷间对门正面壁上挂四幅，分别为最左《十八阴阳》、左《太清道德天尊》、中《玉清元始天尊》、右《上清灵宝天尊》、再右《五代容》。前置神坛。

（5）师爷间左右壁上，左挂《猎神》，右挂《地藏王》。

（6）二幅长联挂法：在有天井的房子挂在左右明间、次间的上方，高过门额，从门额上绕过。另在没有天井的房屋，则挂在大门外左右两侧。《始祖出身初起》在左，《始祖出身封赠》在右。

"做聚头"，也叫"学师传师"、"做阳"，也称"成大人"、"食口水"，是畲族的一种图腾崇拜活动。"做聚头"的仪式在程序、歌谣、舞蹈等方面都有一套规定。相传始祖盘瓠王带着盘、蓝、雷、钟四姓子孙，离别京都迁居深山，刀耕火种，狩猎为生。为求后代生存繁衍，盘瓠王历尽千辛万苦，往闾山学法，掌握能战胜外来侵袭的高超本领。其子孙就把始祖学师艰难困苦、艰苦创业的本领世世代代传下来，所以每代都要学师传师，并给学过师的人取上法名。过去畲民中学过师的人，受氏族成员尊敬，死后也能升天成佛，所以称学过师的人为"赤身人"，可以穿"赤

图十三, | 十殿图

衫"。学师后又传过师三次以上称"乌蓝",且传得越多越光荣。未学师而亡者则称"白身人"。

"做聚头"历史悠久,世代相传。据称最早的"做聚头"为期三年,后由于迁徙频繁,改为30日,再改为七天七夜,最后改为三天三夜。"做聚头"仪式,除了是传授始祖法术外,还有一个重要内容是成年后加入图腾组织的隆重的入社仪式,自称之为"传度师男"。畲族有一种盘瓠杖,叫祖杖,也叫师爷杖。早期祖杖杖首形象不是龙、虎,而是象征部族始祖的物像,是畲族盘瓠图腾的主要标志,后期的祖杖头改为龙头,并漆成金头红身。丽水市博物馆就收藏有一件这种祖杖。畲民奉之若神明,尊其能统兵，既管阴又管阳。它上面挂着一根根红布条，是参加图腾组织的"花名册"，写着某府某县某都某村某年某月某日某人"法名"等。只有把参加仪式的人的名字挂在祖杖上，才算正式加入了这个组织，才成为该图腾组织的成员。

畲族参加图腾组织的特有：（1）凡参加的人，生前在畲族社会生活中有较高地位。（2）死后要做三天三夜的"大功德"，否则只能做一天一夜白身人的小功德。（3）男女同等，祖先男的称东王公，女的称西王母。（4）传度时首先要传生产上的谷米豆麦，具有浓厚的勤劳生产的本色。

集团中每个人都相信自己是图腾的后裔或亲属，所以对图腾要尊敬，为了保护图腾的庄严，形成一套比较完整的制度：（1）禁杀、忌吃、禁骂相对应的动物。（2）只有参加图腾组织的人，图腾才能传宗接代，否则，就是亲生子也不能接代。（3）外族来招亲或畲族男子到外族招亲的不准参加图腾组织，畲族男子到畲族女方去招亲的可以参加女方的图腾组织。（4）畲族男子娶外族女子为妻的不准参加图腾组织。（5）畲族人民对描绘图腾的祖图秘而不宣，只允许本族内留传，不让外族人看。

三 其他

历史上，在许多畲族村寨都存有秘不示人的祖图。其主要的盘瓠王故事图传，按式样可分为两类：（1）卷轴式。在长达数米、宽约数十公分的土麻布织物上，绘有数十节始祖盘瓠生平事迹的图画。（2）

图十三，2 十殿图

画布式。在几平方米的织布上，描绘盘瓠传说，如广东和平蓝姓畲族的画布，由皇帝出榜、狗扯榜、两军对垒、狗头人身、结婚、打猎、丧礼、坟墓等组成，画布的年代较早。传说越晚，枝叶越茂盛，内容越繁复，逐渐从简单的画布逐渐演变为长轴画卷，以尽虔诚崇拜的心理。两种画传以卷轴为主。祖图以原布色为底，绘画颜料红色为主，兼用黑、绿、蓝、浅、白、金等色。用中国画的技巧和手法描绘的祖图，内容和形式基本相同，闽浙粤各地的祖图可能有个原始的蓝本。

现在流传的祖图多是清代和民国年间绘制的，粤东载为光绪年，福建、浙南有咸丰、嘉庆、乾隆年号绘制的祖图。最早为康熙五十八年（1719）福建连江县下白石村的祖图，连江县过洋村祖图称："明万历年间，吾祖之贵公迁移大岗地场立业安居，迄今十余世矣。虽有图序，长远年没，破坏不胜纪，故予本乡旧叔兄弟侄等，鸠集捐题，喜舍重建图版铁卷。"明正德十二年（1517），王守仁言畲族起义领袖谢志珊、蓝天凤自称是盘皇子孙，收有流传的宝印与画像。顾炎武《天下郡国利病书》云，畲民"山中自称盘瓠后，各画其像"。各地祖图服饰多是明代式样，男者头戴幞头（或乌纱帽），女者上着衣或衫，下套裙子，肩披四合六"云肩"，武将戴头盔，插红顶缨。福建省永泰县雁门村刻印祖图中的盘瓠，头戴最有明代特色的飘飘巾。至迟到明代，祖图已出现于各地。祖图盛于清，乾嘉年间是绘制的鼎盛时期，乾隆十六年（1751）六月初一上谕责成各沿边督抚绘治下苗、徭、黎等各族服饰、图貌，送军机处呈览。《四库提要·地理类》载，《清职贡图》"乾隆十六年奉敕撰，告成于乾隆二十三年"，收有300余种的分图系说，"每图各绘其男女之状及部属众衣冠之别，凡性情习俗，服食好尚罔不具载"。清代的《长汀县志》载，畲民"楚粤为盛，吾闽有之，然不甚蕃，三五七而已，庚子，陈大丞檄县绘图以进"。清代的《古田县志》也载："乾隆十七年，督抚绘畲民图册以进奉，朱批'知道了'。兹以其俗顿异，故附载及之。"对畲族祖图的绘制起了推波助澜的作用。

早期祖图是如何具体绘成的，不得而知，但清、民国的祖图多由与畲村毗邻的汉族民间画师绘制。浙江省丽水市两幅祖图分别由丽水碧湖汉族画师程骏、

图十四　地藏王

云和县汉族画师郑鼎衡绘制。福建省连江、罗源两县载明汉族画师有林上宾、郑思轩、高严灿、周御吾、孙先生等，宁德南山和漈头村的四幅祖图也是汉人画的。请人画图需要大量的资金，连江总洋祖图称先人法罕"终身不妻，只以瓠公为念，遂于清初，一身鼎力，筵师绘图，乃愿毕业，而族众见其意图孝思，故□象以遗后世范也。迨至乾隆叁拾玖年秋八月，裔孙行传，睹其图，一二间突破，遂睦族议举请师重绘"。重绘祖图是全村畲民的公益事业，多是"鸠集损题"，由族人共同出资完成，如法罕一人筹资修图，实为罕见。

景宁畲族彩带

雷光振（景宁畲族自治县畲族博物馆　323500）

【摘要】 以浙江景宁畲族手工编织品彩带为主要研究对象，运用调查分析、典型例证、史料对比等方法，对畲族传统手工艺品的特征和文化内涵作了分析和总结。

【关键词】 畲族　彩带

彩带是畲族传统的手工编织品，畲语读"doi"，是畲民服饰文化的一个重要组成部分。按织纹或材质可分为丝带、花带、字带。它的用途广泛，主要有三个方面：一是束衣，用于拦腰（护裙）带、扎腰带、裤带、刀鞘带等；二是定情信物，定亲回礼和赠送好友的礼物；三是美化衣着的装饰物。畲族彩带流传历史悠久，具有强化情感和意识的作用，成为畲族人民自身文化较为突出的代表之一。

景宁是浙江畲族民族特色保留较为完好的一个地区，也是全国惟一的畲族自治县，华东地区惟一的少数民族自治县。在当前现代文明对传统文化影响越来越大的背景下，对该地区手工艺编织品文化的研究是十分必要的。本文拟从文化、艺术、历史的视角作初步地探索。

一　来历用途

在过去的社会生产、生活中，织带是畲族姑娘们必学的手艺。能否织彩带，是衡量一个姑娘是否心灵手巧的重要标志。笔者在景宁鹤溪镇惠明寺村全国第三次文物普查时，正巧碰上了一位畲族老汉病故，在家中堂设孝堂，灵前摆张方桌，桌上置三牲六畜，一位名叫雷龙妹的"先生"（学过师的人）

在灵台前，手提"绞杯"念念有词，给亡者按位送神。请神结束后，我们采访他，他给我们作了翻译，其中有一段是这样的："男儿成年去学师，女子七八学'耕'（织）带，九岁学捻'曲'（麻）。"可见织彩带确实是畲族女子非学不可的手工艺。据村里畲族老妇人说，畲族女子白天都和男人一起去地里干活，织带、捻麻是饭前茶后干的事。织彩带捻麻还得讲季节，一般是农历十月至下年二月以织带为主，三月到九月捻麻、纺麻、织麻布。因为络麻在天气寒冷时变硬易断，彩带的原材料大多以蚕丝或棉线为主，又可以在房间里织。彩带的应用广泛，主要用于女人上衣的束腰，扎围裙，背小孩的背兜，景宁一带畲族妇人用于做拦腰（小围裙）为主。

畲族彩带的来历，还有这样的一个传说。畲族的祖母三公主上天时，把凤冠和报晓鸡留给了雷四妹，报晓鸡每天将天上人间发生的事告诉雷四妹再转告畲民。有一天报晓鸡向雷四妹诀别时说："在封金山的时候，我喝过千年露水，尝过万种花草，我的内脏都被露水花草染得花花的。我死后，你将我的肠子取出来，它就会成为一条七色花纹的彩带；把胰取出来，就会变成一只袋，称作香袋。当你定亲时，把彩带和香袋当作定情物送给他，会祝福保佑你们

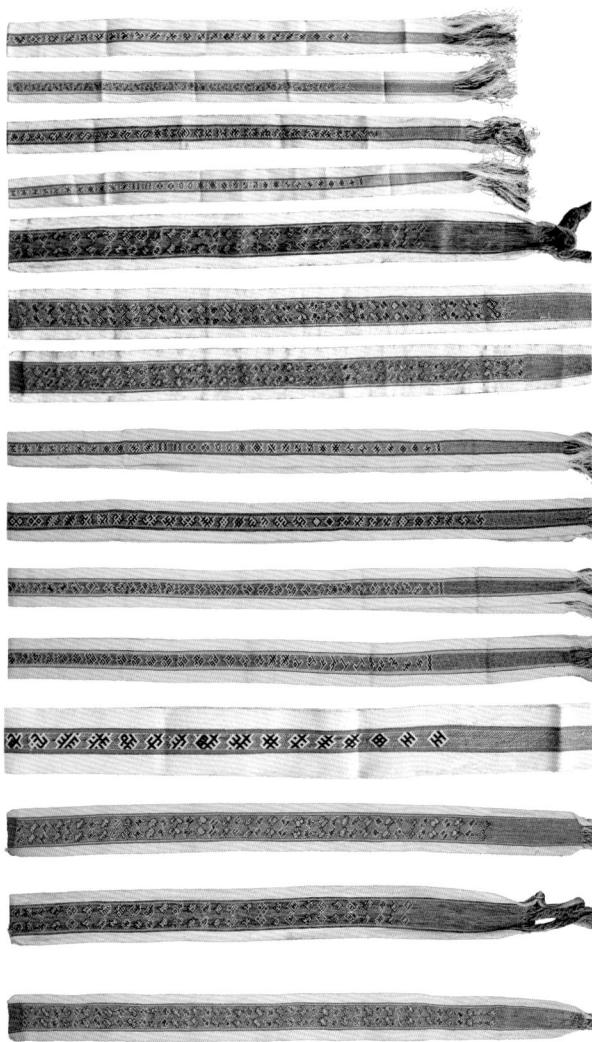

图一 畲族彩带

夫妻恩爱，白头到老的。"[1]雷四妹按照报晓鸡的吩咐去做，家庭生活果然美满。从此之后，畲族姑娘们就按照这一式样，用蚕丝、棉纱学着织彩带，祖祖辈辈相传至今。

笔者在景宁赤木山畲族村调查时，听该村蓝开兴老人说，20世纪80年代以前，他们村还有这样的风俗，人到年老病故后，穿着结婚时的衣服下葬，意即婚时带来，死时带转（回），唯独不能用彩带作陪葬。据村里其他老人讲，彩带还是避邪的吉祥物，不能给死者带到阴间去，同时也是畲族世代传承下来的图腾缩影。

以往，彩带还是青年男女的定情物，男方由媒人公（畲族做媒的人都是上了年纪的男子，而从来没有女人做媒的）陪同到女方"太布娘"（相亲），如

果小伙子被女方爹娘看中，在媒人公撮合下，男女双方达成意愿，男方就会拿出随身带的一只手镯或银元亲手送给女子，姑娘将自己亲手织的彩带回赠给男方，畲语称"交守信"，就算定了终身。在畲族传统情歌中就有《带子歌》，其中有一首是这样唱的："一条带子斑了斑，送给你郎缚身上，丝线栏边双手耕（织），看到带子看到娘（女子自称）。"因此这条彩带就叫"定亲带"[2]。

二 形制特点

畲族彩带在材料、规格、颜色、纹样以及结构等方面都有它自己的特点。常用的带子宽度较窄，为2.5—3.5厘米，长度为120—145厘米。20世纪70年代以前，织带材料商店里是没得买的，以自己生产的蚕丝、棉纱为主，用一种畲语称为"棉垂"的专用工具合股以"z"向捻为一根成线。纹样大多以楷书斜体的形式织于彩带的正中央，宽度1.5—2厘米。白色地用黑色织，黑棉线由两根合股，而白丝线比黑棉细而合股的，黑白线的排列比例为1:2，共计32合股66根，这样的织纹就较小，但有精细和突出的效果[3]。

据景宁东坑镇大张坑村雷石连老人说，20世纪60年代以前，畲族妇女织带原线料的颜色是用土方法提取植物颜料自染的。蓝色用一种叫靛蓝的蓝草叶取汁染，黑色用山栎皂和当地一种黑土混合染，黄色用山黄栀的果实染，红色用蓝草根染。"织绩木皮，染以果实，好五色衣服"，"在清代以前的彩带就分为五色：黑、白、红、蓝、黄"[4]。景宁的畲族彩带又称花带或字带，还有双排、双类一排花纹带，则以棉纱为主材料，长度在120—145厘米之间，宽度为2—8厘米，"带心"（织纹部分）与带边的宽度按彩带的宽度比例而定，一般是带宽的五分之三。彩带的纬线都用白色线，而纹样图案是在带中央的黑经线上下连续反复压线织成，纹样与带子成45°。故横、竖笔划的纹样侧转45°，撇、提笔划改为点，捺改为横，圆圈改为口。织纹部分黑白纹线的比例是2:1，黑线比白线粗两倍左右，为自捻棉纱，所以黑白织纹显而易见。经纬密度为27和14根／厘米。

皇帝朝纪，宋元明清，顺治康熙，雍正乾隆，嘉庆道光，咸丰同治，光绪宣统"，"五世其昌，三元及第，百年好合"，还有"自力更生，东方红太阳升"，"浙江省景宁畲族自治县惠明茶叶开发公司"等字样，反映社会历史文化背景的变迁。

自20世纪80年代，畲族姑娘织彩带用于订婚的传统习俗就不存在了。尽管过去织带是畲族妇女生活的一部分，但随着时代的发展，这种织带方式对她们的经济生活已没有实际意义，45岁以下的畲族妇女几乎都放弃了织带手工艺。畲族村里会织带的只有部分六七十岁的老人了，逢年过节难得穿时也不按传统打扮，就是现在景宁县政府新设计的机关单位畲族干部穿着的盛装，也很少见到传统织造的彩带。

三　编织工艺

畲族传统彩带经纬线为丝质、棉质、麻质等线料[6]，经线以黑白二色为主，其他颜色由织者自行安排，纬线必须为白色。编织的工艺流程为：

（一）理经前准备。取来各色线料，根据自己所需彩带的长度，将经线始头固定在一米见方桌子的一边上，桌子右边用钉子在桌沿边来决定带子的长短，钉子越往右带子就越长。然后将一条18厘米左右的小竹竿（畲语称"耕带柱"）和一片22厘米左右尖头的小竹片（畲语称"耕带板"）放在桌沿中间，

图二　畲族彩带

种类从窄到宽分为3、5、13、17、19、25、29、33、39……55根等[5]。这个根数是指彩带的可织纹样的黑色经线的根数，根数越多带就越宽，纹样就复杂而难织，织带一般都是以"爻"开头而以"卍"结尾。

笔者到鹤溪镇东弄村文物普查时，在蓝延兰家看到了20世纪80年代的彩带和现代材料复制的彩带，其中有两条汉字带，织纹为"风调雨顺，国泰民安，

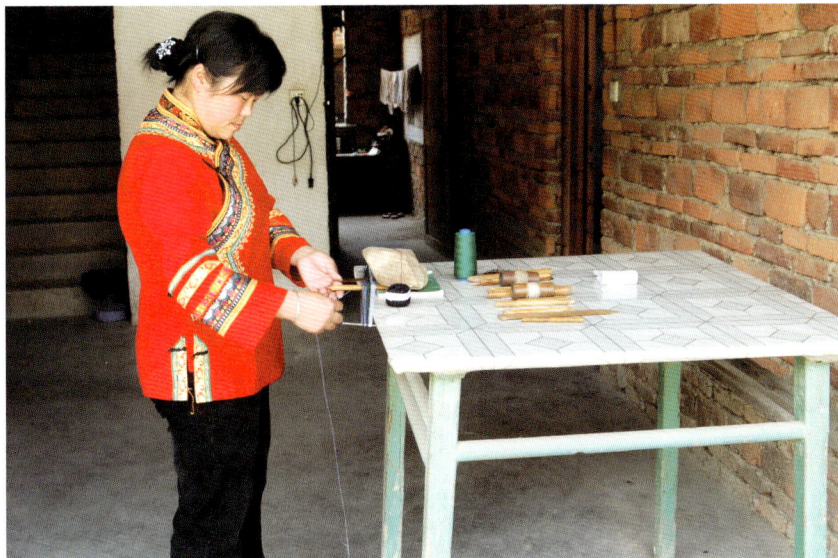

图三，1　理经（牵带）

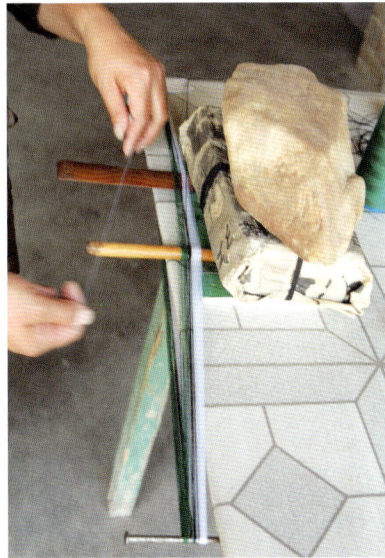

图三，2　理经过程

经线的另一头直接套入桌子的左边角上，用石块叠压"耕带柱、耕带板"作固定。

（二）理经（畲语称"牵带"）。就是将要使用的各种颜色的线头扎紧绑在桌沿右边的一颗钉子上，在桌的边沿上开始理经。理的方法是以"耕带板"为基点往上一次，再往下一次连续地绕，并在"耕带柱"上也绕一圈。再拉到右桌边钉子下下，从桌面下边回到左桌边角上，又拉回至"耕带柱"从下往上绕一

表一

#	纹样	纹样解释	#	纹样	纹样解释
1		老鼠牙	8		怀孕
2		蜘珠	9		狩猎
3		麦穗	10		踏囚
4		日	11		编织
5		雷	12		鱼
6		田	13		敬日
7		敬龙			

表二

#	纹样	纹样解释	#	纹样	纹样解释
1		土（土）	9		融合（中）
2		开始（正）	10		成匹（巾）
3		日间共作（日）	11		伟貌（有）
4		威望高者（巫）	12		曲折（已）
5		平顺（壬）	13		掩（报）
6		诚心（王）	14		缺月之时（日）
7		继业（田）	15		？（亚）
8		水源（井）	16		？（勺）
			17		民族移动（卯）

圈，如此反复，形成以"耕带板"为基点的上层和下层，做成提综开口。在理经中，"耕带柱"为分绞棒，其功能是将经线的位置固定。彩带的根数，不是指带子的总经线数，而是指织纹部分（畲语称"带心"）的黑色经线数，彩带的两边约占带的五分之二，用白色线；中间织纹部分占五分之三，以黑色线为主，白色线次之。带子织纹两旁的黑色小边线，畲语称"带眼"，黑色线2次，白色线1次。例如25根彩带就是在带的织纹部分绕黑色线1次，白色线2次，这样依次黑色线共25次。其过程从左到右为：带边（白线）→带眼（黑白线2：1）→黑色线1次→白色线2次至黑色线25次→带眼→带边，然后将所有经线的两端线头一并扎在一起。

（三）理综（畲语称"检综"）。将理好的经线两头扎好后，把"耕带板"撑开成织口，用一根较粗的白棉纱从左至右穿过经线，从左起用右手指将挑钩上层的那些经线，均衡地结在左手掌上，再将挑钩完的白棉线拿牢，在中间扎上一节稻草或麦秆后，提齐绑扎结实。即可随手一提就把上下层经线分开，呈现出织口，然后将牵引好的经线从桌沿边分离开。理综好的经线要用布包好，不至弄散。

（四）织带（畲语称"耕带"）。右边的"耕带柱"为柱杆，可挂在窗户边的壁上、门环、柱子、树叉上。下头的"耕带柱"为扎杆，别在腹部的腰带上，坐着织[7]。用一片约厚0.25、宽3、长22厘米，一头三角尖的竹片作梭。纬线用白色线，可短可长，最好1米左右，"耕带板"从分绞层间插过，纬线挂在竹尖头挑过，连"耕带板"至高分绞棒二寸左右，提拉综。竹片从交叉层穿过压至第一纬线处，再挑第二纬线，如此反复，注意纬线在带的两边拉齐。平板织到10厘米左右，开始织图纹，此时解开腹部的扎杆，转动分绞棒，调整到便于织的位置，重新挂扎好。以后每织一段都要转动绞织棒调整。这种方法简单方便，占地面积少，适合过去家庭作坊手工操作。

四 纹样寓意

畲族彩带历史悠久，承载着畲族先民的祈福信息。经过有关学者的调查研究，初步破译了传统彩带

图四　织带（耕带）

图五　织带工具

图六　汉字纹样

图七　假借字纹样

织纹上的各种纹样符号。这些符号以象形、会意、假借汉字、几何形为主，寓有驱邪祈福的含义[8]。笔者在文物普查时，发现景宁鹤溪镇周湖村的雷仁老大妈家还保存着这样的一条彩带，双行图纹排列，一共有67种大小不一的织纹。据她说这条彩带的织纹是祖先们一代代随着学织彩带纹样而口授心记传承下来的。后来在郑坑乡冷水湾村的兰凤妹家也见到了同样纹样的半条彩带，景宁畲族博物馆也有此类彩带藏品。说明这种彩带是畲族彩带发展鼎盛时期的产品，大约在清末或民国初期织造。

下面对彩带的图纹和释义进行探讨，以图形为主，大致可分三大类：象形会意、假借汉字、几何纹。

象形会意织纹（表一）。通过会意方式表达事物的形式，例如用连续曲线表示锯齿或老鼠牙，意为无坚不摧，顽强生存。菱形环扣环，意为蜘蛛织网，勤俭持家。以树叉叠树叉，形似弓箭，表示狩猎。用凹凸并在一起，表示踏囚（陷井）。用"×"表示光芒四射，喻意为日，又以"╬"表示太阳旋转运行，象征敬日等[9]。

假借汉字织纹（表二）。这些织纹虽然类同某一汉字，但织纹的释义却同汉字原义不同。如"正"表示开始，"日"为日间共作，"工"为平顺，"巾"为成匹。也有些与甲骨文字形相似，而释义不一样。这些"汉字"织纹都不是汉字正体而是斜的。

几何变形织纹（表三）。一些以几何图案或类似变形，表示抽象的现象和观念的织纹。有的织纹以笔画间距的大小表示人或事的亲近程度和空间距离[10]。如往来和融洽，相对和相配，相邻和合居，邻舍与亲戚，丘陵和群山，父与男性等。有些织纹还反复出现，表达时间漫长、范围宏大等。还有些纹样，以菱形单元的变化而组成，如"╳、╳"等，释义与女性有关，特别引人注目。彩带纹样"╳"（禽）和"╳"（伟貌），曾经见于吴城商代遗址出土陶器石范上的刻符，其风格独特，古文字专家们认为不属于汉字系统，而是古越语系统[11]。中国最早形成的原始文字约在6000年前，而我们今天所能认识的只是3000年前已经成熟的甲骨文。学者们认为在这两个历史年代之间，应该有一个"意符文字"生成与流行的时期。那么，畲族彩带上的图案符号会不会就是源于"意符文字"？当然，这只是一种推测。

表三

#	纹样	纹样解释	#	纹样	纹样解释
1	（符号）	父	20	（符号）	禽
2	（符号）	男性	21	（符号）	动物
3	（符号）	云彩	22	（符号）	丘陵
4	（符号）	树果	23	（符号）	连山
5	（符号）	收获	24	（符号）	邻舍
6	（符号）	世业	25	（符号）	亲戚
7	（符号）	顺理	26	（符号）	相邻
8	（符号）	主家骨	27	（符号）	合居
9	（符号）	收支	28	（符号）	相对
10	（符号）	收入	29	（符号）	相配
11	（符号）	伟貌	30	（符号）	往来
12	（符号）	创大业	31	（符号）	融合
13	（符号）	聚会	32	（符号）	天长地久
14	（符号）	祭礼	33	（符号）	广野
15	（符号）	尊敬	34	（符号）	母
16	（符号）	交流	35	（符号）	女性
17	（符号）	靶口	36	（符号）	民族繁荣
18	（符号）	吊	37	（符号）	?
19	（符号）	风			

畲族彩带的图案符号还反映了古代畲民的信仰崇拜。例如"（符号）"（巫）意为崇敬德高望重的人，"（符号）"（敬日）为崇敬天上运行的太阳，"（符号）"（敬龙）为崇敬龙等。过去畲族女子是不能上学堂的，不识字，彩带的织纹图样或文字是个别畲族男子书写或绘的，女子照样织成。早在1929年同济大学外籍教员史图博撰写的《浙江景宁敕木山畲民调查记》记载："这条围裙的带子，是经过艺术加工的，它用丝线和棉纱线织，仅三厘米宽，有蓝、绿、白三色图案花"，"其图案是由合乎传统风格的花样组成的，多半是从简单的汉字变化而来，例如'中'、'门'等。带子另一种花样，据那位老村妇人说，是一只合乎传统风格的鸟"[12]。古代畲民敬日、龙、水、巫，崇鸟等，这些在彩带的织纹中都有表现。从带子的织纹和释义中，还可以透视畲族的文化体系，是解开畲族许多历史之谜的重要线索。

如今，畲族彩带已列为浙江省非物质文化遗产名录，蓝陈启等人被浙江省文化厅公布为畲族彩带传承人。保护少数民族文化遗产，不断深入挖掘、研究畲族文化（文物），是我们从事民族文化（文物）保护工作者的应尽职责，调查研究畲族彩带文化内涵是一个非常重要的课题。

注 释

[1] 柳意城:《景宁畲族自治县志》,浙江人民出版社,1995年,第98、119-121页。

[2] 施联朱:《畲族风俗志》,中央民族学院出版社,1989年,第128页。

[3][9][10] 金成嬉:《畲族传统手工织品》,《中国纺织大学学报》1999年第25卷,第100-104页。

[4] 施联朱:《畲族》,民族出版社,1988年,第63页。

[5] 雷弯山:《丽水地区<畲族志>》,电子工业出版社,

1992年,第103-104页。

[6][8] 蒋炳钊:《畲族史稿》,厦门大学出版社,1988年,第340-341页。

[7] 雷先根:《畲族风俗》,民宗局内部发行,2003年。

[11] 江西省博物馆等:《江西清江吴城商代遗址发掘简报》,《文物》1975年第7期。

[12] 史图博、李化民:《浙江景宁敕木山畲民调查记》,《景宁文史》第四辑,1998年。

金华酒

蒋鹏放（金华太平天国侍王府纪念馆　321000）

【摘要】金华酒曾是金华历史上的一朵奇葩，在我国古代许多文献、史籍、著作中都有大量的记载。但清代以后，金华酒却消寂了。本文对金华酒在我国酿酒史上的地位、酿造技术、在金华的遗迹及其兴衰历程作了全面考察，梳理出金华酒的发展脉络，并对其兴盛和衰落的历史原因作了分析。

【关键词】金华酒　历史

中国的酿酒史源远流长，考古发现的最早酿酒时代，有"仰韶时期"说[1]、"龙山时期说[2]，"从河姆渡文化遗址，大汶口与眉县杨家村陶杯、陶尊、陶盉的考古发掘所昭示出酒的发明当在七千年以前"[3]。由酒的发明，产生了博大精深的中华酒文化，在中国酒和酒文化的星空中，曾出现过一颗耀眼的星星，它的名字叫金华酒，特别在元明时期，金华酒曾闪烁着璀璨的光芒。但如今，它却悄然隐退，不免令人慨叹。现在，"金华酒酿造技术"与五粮液等十三类酒类酿造技术入围"国家级非物质文化遗产名录"，此时，我们似乎又闻到了金华酒泛出的醇香。让我们拨开时空的迷雾，去寻究昔日的金华酒。

一　古代的金华酒

20世纪80年代初，考古工作者在金华境内的东阳县古光乡古渊头遗址、义乌县平畴乡平畴遗址、武义县德云乡红山村凤凰山遗址等西周遗址里，发掘出一批原始瓷，其中有许多为当时的酒具，如尊、罐、盉等[4]，可以得知金华的酿酒业至少可追溯到西周中期。从出土的古代酒器具来看，早在春秋战国时期，金华一带已风行酿酒与饮酒，到了唐代，民间的酿酒

技术已有较高的水平，有资料表明，金华地区是我国谷物酿酒技术较早的地区之一。

古人惯用地名冠以酒名，延续至今，如茅台酒、汾酒、绍兴酒。在古代，金华地区的婺江流域、东阳、义乌、兰溪等诸县所产的外销酒，都称金华酒，也称金华府酒。据史载，吴越王钱镠偏安江南，岁岁向中原各王朝进贡，其中绍兴酒和金华酒为定制的贡酒。宋代金华酒业发达，北宋熙宁年间（1068—1077），金华的酒课已高达"三十万贯以上"，南宋绍兴二十四年（1154）"金华县酒课、酒务租额二千二百六十四贯一百二十五文"[5]。元代金华是我国主要的产酒区之一，当时"江浙行省的酒课约占全国酒课收入的三分之一强"[6]，元贞二年金华"酒课中统钞一千五百五十三锭三十五两二分二厘"[7]，远远超过"茶课中统钞六锭二十四两四钱七分"的课利，足见金华酒业之旺盛。据《武林旧事》载，金华酒在南宋时期已盛行于京都。那么金华酒何时进入我国名酒行列呢？元代宋伯仁《酒小史》中列举了许多我国名酒，大致是春秋至元代的历代名酒，如春秋椒浆酒、蓟洲意珽仁酒、金华府金华酒等，可见在元代，金华酒已成为名酒。

明代的许多书籍中都提到金华酒,明末顾起元《客座赘语》中记道,"京都士大夫所用惟金华酒"。范濂《云间据目钞》中云:"华亭煮酒,甲于他郡,间用煮酒,金华酒。"明代冯时化在《酒史》中说:"金华酒,金华府造,近时京师嘉尚语云:'晋字金华酒,围棋左传文。'"据史籍载,明代弘治末年还流传这样一副对联:"杜诗颜字金华酒,海味围棋左传文。"金华酒又与风流遗韵的杜甫的诗、颜正卿的字、左氏的文章这些中国文化的精粹相提并论,可见当时饮金华酒之风雅。

清康熙年间,学者刘廷玑在他的《在园杂志》中写到了历史上的金华酒"京师馈遗,必开南酒为贵重,如惠泉酒、芜湖四并头、绍兴酒、金华酒"。可见金华酒在古代京都,不仅风雅且很高贵。清乾隆年间,诗人袁枚(1716—1798)在《随园食单》中说:"金华酒,有绍兴之清无其涩,有女贞之甜无其俗,亦以陈者为佳,盖金华一路,水清之故也。"袁枚不仅是清代著名的文学家,还是位烹饪家和美食家,他把金华酒与绍兴酒、女贞酒相比后给予了很高的赞誉。

从前,大凡酒店中都悬有书"太白遗风"四字的匾额,它道出了文人与酒的情缘。金华酒在历史上也演绎了美酒与美文的故事。唐代诗人韩翃在《送金华王明府》诗中的"家资陶令酒,月俸沈郎钱",是至今见到对金华酒最早的吟颂。北宋大文豪苏东坡一生与诗、酒为伴,写过无数首有关酒的诗歌,他在《武昌西山》中有"忆从樊口载春酒,步上西山寻野梅"的佳句。湖北的樊口春酒非常有名,原名叫潘生酒,史载潘生原名叫潘大临,浙江金华人。不仅博学能文,还酿得一手好酒,他的父亲潘鲠把从金华家乡学来的酿酒工艺带到武昌樊口,开了家酒店,后传给潘生。宋元丰三年(1080),苏轼被贬为黄州团练副使,他常游憩于樊口,并常在潘生开的酒店喝酒。苏东坡爱喝潘生酒,并赞誉他"樊口有潘生,酿酒醇浓",苏东坡所赞誉的潘生酒即金华酒。南宋大诗人陆游善饮酒,他在《龟堂独酌》诗中有"一樏兰溪自献酬,徂年不肯为人留"之句,这是陆放翁喝了兰溪造的瀫溪春酒后,对金华酒的赞誉。元

图一　金华民间酒具"锡壶"

图二　东晋点彩双系盘口壶酒具

代文学家张雨有"恰有金华一樽酒,且置茅家双玉瓶"的歌咏,钱塘人钱惟善《谢送东阳酒诗》中有"故人远送东阳酒,野客新开北海樽"之句。这些妙笔华章,给金华酒又凭添了诸多的儒雅。

古典名著《金瓶梅》里写了许多饮酒的情景,也提到了众多名酒,但写得最多的是金华酒。如第二十回,李瓶儿教迎春:"昨日剩的银壶里金华酒筛来。"第三十四回:"西门庆看见桌子底下放着一坛金华酒便问:'是哪里的?'李瓶儿不好说是书童买进来的。"第三十五回写到吃螃蟹,月娘吩咐小玉:"屋里还有些葡萄酒,筛来与你娘们吃。"金莲快嘴说道:"吃螃蟹得些金华酒吃才好。"除了《金瓶梅》以外,明代还有许多小说中也描写了金华酒,如明

图三　宋代四系罐酒具

代小说家邓志谟的《刻五代萨真人得道骂枣记》中：
"开了碧澄澄的金华酒，煮了滑溜溜的玉磣羹。"明
代诗人谢榛在他的诗论《四溟诗话》中也用金华酒
作比喻，他道："作诗譬如江南诸郡造酒，皆以曲米
为料，酿成则醇喷水如一，善饮者历历尝之曰：'此
南京酒也，此苏州酒也，此金华酒也。'其美虽同，
尝之各有甄别。"金华酒的豪情、儒雅、神韵，像一
股涓涓的水流，注入中国文化的长河里。

二　金华酒的种类

据《金华市志·沿革》载，三国宝鼎元年（266）
金华名为东阳郡，历时300余年，后又改为金华郡。
隋大业三年（607），又复东阳郡，后又称婺州，唐
天宝元年（742）复为东阳郡，乾元元年（758）又
复东阳郡为婺州。从三国宝鼎元年到唐乾元元年的
500余年时间里，金华主要以东阳郡相称。古代以产
酒地为酒名，故早期的金华酒皆称东阳酒，东阳酒
就是金华酒，李时珍在《本草纲目》中有"东阳酒
即金华酒"之语，《饮食辨》中说："又一种金华酒，
又名东阳酒，味极甘美，酒乃净醇……"故历史上东
阳酒与金华酒名通用。

金华酒是古代金华郡、州、府及辖县生产的各
种黄酒的总称，主要产地是金华府管辖的各县，如
东阳、义乌、金华、兰溪等地，金华地区历来的名
酒主要有寿生酒、错认水、瀫溪春、东阳酒、白字
酒等。

寿生酒　该酒属半干型黄酒，是金华一带的传统
名酿，由明代初年戚寿三（1345—1418）所创。他
在城东酒坊巷开设酒坊，并在农家自酿酒的基础上，
以精白糯米作原料，用红曲、麦曲作发酵剂，采用
"喂饭法"分缸酿制，风味特异，自成一派。该酒色
如琥珀，醇香四溢，口味醇厚，成为酒中珍品，道
光年间（1821—1850）"金华城内马门头酒坊在原酿
酒的技术上加以改良形成一套特殊的技术，遂使酒
的质量大为提高，并将其定型，称为寿生酒"[8]。

错认水　这是一种酒色清纯如泉，酒味甘而醇
厚的金华酒。光绪《金华县志》载"邑所著名者为
酒，宋周密《武林旧事》酒，婺州错认水……"[9]
元末张可久（1270—1348）有"望南山新有雨，喜
西子不颦眉，饮东阳错认水"的诗咏。明代宋诩父
子撰写的《竹屿山房杂部》记载了错认水的制作方
法，用多种曲酵与蓼药并用，再以枥柴灰澄清降酸
而成。这种特殊的酿酒工艺如今已经失传[10]。

瀫溪春酒　此酒为兰溪佳酿，早在南宋便名闻遐
迩，"一酌兰溪遗万事，时看墙底卧长瓶"，这是陆
游对兰溪瀫溪酒的赞咏。光绪《兰溪县志》载："以
邑名酒，名瀫溪春，则以水名。"[11]

白字酒　义乌名酒，元名医朱丹溪的《野客丛
书》中有白字酒的记载，"白字酒又称'白字号'，因
不借他物作色，钝素不饰，故名，它色似琥珀，清
澈有光泽，香气陈醇，味甜密……是风味独特的超
甜型黄酒"[12]。

东阳酒　在古代金华州府所辖的东阳县也产好
酒，故也称东阳酒，其酿酒历史之悠久、酒质之醇
厚散见于史籍。清康熙《东阳新志·酒》载的"东邑
三白"即水白、米白、曲白的"三白酒"，负有盛名。
谢肇在《五杂组》里赞叹道："江南三白，不胫而走
九州岛矣。"宋人《事林广记》中，对东阳产的酒有
"清香达远，入门就闻，虽邻邑所造，俱不然也"的

评价。南宋大诗人陆游"与东阳酒结下不解之缘，且留下了《饮石洞酒戏作》、《石洞饷酒》、《谢郭希吕送石洞酒》、《东阳郭希吕、吕子孟送酒》等诗"[13]。

此外金华还有桑落酒、花曲酒、甘生酒等，这些风味各异的地方酒，组成了一个整体的金华酒，也称金华府酒，在我国北方则称其为"浙酒"，《广志铎·江南诸省》记"浙酒即金华府酒"。在数百年里，用婺江水酿制的金华酒引领了浙江的黄酒业，并风行于大江南北，誉满四方。

三　酿造技术

金华酒有其悠久和特有的酿造技艺，春秋时期是金华酒的成长期，此时金华出现了白醪酒，这是以糯米为原料，用白曲和蓼草汁水作发酵剂酿制而成的。白醪酒以其特有的风味，使金华酒崭露头角。在唐初，"酒色清纯，甘醇似怡的'瀫溪春'金华酒，已驰誉江南各都会"[14]。唐代中期，红曲酿造的金华酒同样为世人所青睐，其别具一格的酿造技术在我国的古代酿酒业中产生独特的魅力。

宋元时期是金华酒的发展期，宋人《北山酒经》说金华酒要经过泼清、中和、过滤、蒸煮、封坛等特有的工艺。《事林广记》所载金华酒酿法，"其曲亦曲药，今则绝无，唯用麸而蓼汁拌色……清香远达，色复金黄，饮之至醉，不头痛，不口干，不作泻。其水称之重于他水，邻邑所造俱不然，皆水土之美也"。优质的糯米也是酿好酒的关键，《本草纲目》载："汉赐丞相上尊酒，糯为上，稷为次，粟为下。"金华酒中的极品寿生酒，以精白糯为原料，同时加入白曲（麦曲）作发酵剂，用喂饭法分缸酿造，"创制成了既有白曲（麦曲）酒的鲜和香，又有红曲（米曲）酒的色和味风格的寿生酒。业内和史学界专家认为，今天的寿生酒工艺是我国古法白曲酿酒和当时新兴的红曲酿酒过渡型工艺的遗存，也是古代红、白曲联合使用的一种优选技术的传承，在世界酿造史上具有里程碑的深远影响"[15]。

清代金华酿酒技术已达高峰，金华酒的酿造有其特色，"米多水少造酒，其味辛而不厉，美而不甜，色复金黄，莹澈天香"。明代的《遵生八笺》有东

阳酒曲环的配方，其配方也颇独特，"'白面一百斤、桃仁三斤、杏仁三斤、草乌一斤、乌头三斤、木香四两……'这种以多种中药配制的曲方还得到李时珍的赞许"[16]。

高质量的水源也是酿出佳酿的关键，许多文献中都提到金华酒的水，如寿生酒要用冬水（冬至到立春前），东阳酒"东邑水源，多出山陬"。宋代田锡所著的《曲本草》中有"东阳酒其水最佳，秤之重于它水"。李时珍把金华酒与处州的金盆露、淮南的绿豆酒、江西的麻姑酒、山东的秋露白等酒作了对比，其香、色都不及东阳酒，主要原因"是以其水不及之故"。精良的酿造，上等的好米，优质的水源，都是金华酒得以成名的原因。

四　金华酒遗迹

如今，金华酒的名声早已被岁月所湮没，但我们仍可在金华寻到它的遗踪，现存的主要遗迹有：

酒坊巷　顾名思义，这里曾有过酿酒作坊。小巷古风犹存，它位于金华古子城西侧，全长616米。宋朝时酒坊巷叫桐齐坊，在明代初年，一名叫戚寿三的酿酒师傅在巷里开设酒坊，酿制金华酒，小巷因此被取名为酒坊巷。该巷南北走向，由独立的民居连成，20世纪50年代，许多民居还保存着"前店后坊"的建筑格局。在酒坊巷西侧，曾出土了大量的婺州瓷酒瓶和碎片，据史料佐证，今天的古子城酒坊巷在清朝中期还酒肆如林，这里酿制的金华酒，经码头上婺江，源源不断地运销外地。

酒泉井　金华古子城酒坊巷中段西侧，有口宋井，其名叫酒泉井，是清光绪年间金华知府继良亲自命名的。到了清末，金华酒已衰落，知府继良深谙金华酒的兴衰历程，为怀念昔日辉煌了近千年的"色如金，味甘而性纯"的金华酒，他把酒坊巷内这口曾酿制过名酒的古井命名为酒泉井。酒泉井以物质的形式，传递着这一历史文化信息，是弥足珍贵的，酒泉井并以其特有的文化潜质，载入了《中国井文化》一书。

傅村站房酿酒遗址　该遗址位于金华金东区傅村镇培德堂西侧，总面积为400多平方米。其作坊

图四　金华古子城酒坊巷遗迹

图五　金华酒泉井

的布局清晰可见，如水井、原料间、炉灶、蒸煮间、晾堂、酒缸等，遗址保留了完整的清代中期金华酿酒工艺流程的遗迹，具有鲜明的地域酿酒作坊的特色。民国初年，该作坊为傅村永福祥酿酒作坊。

婺州窑酒器　婺州窑历史悠久，早在4000多年前即新石器时代晚期，金华的先民已经制造陶器，从金华地区各遗址出土的陶瓷中，古代酒器占有一定比例，如罐、瓿、樽、盉、壶、杯、盏等，它包囊了古代酒具的四大类，即盛酒类、温酒类、注酒类、饮酒类。1996年，金华市区酒坊巷西侧的建筑工地上，发现厚达1.2米的元明时代的酒坛碎片堆积层。

沉寂了几百年的金华酒是传统民间作坊酿制，靠师传来递艺，靠外销而盛名，外销滞了，内需本地，北方人不爱喝，南方人依然喝，京师失宠了，民间照旧喜欢，所以金华酒不会失传。明末清初，由于外销酒的停滞，此时民间家酿酒却悄然兴起，一种自产自销为格局的传统酿酒作坊也应运而生。今天，金华农村几乎家家会酿酒，户户有醇香，几百年来民间酿酒遗风存续至今。

悠久的金华酒文化，更多的是以非物质文化形式传承的，在金华民间，四时八节、庆典礼乐无不飘逸着金华酒文化的芳香。酒，融入到人们的人生旅程中，有出生酒、满月酒、周岁酒、生日酒、择日酒、定亲酒、婚酒、寿酒、丧酒；酒，又酣畅在民俗风情里，造房有奠基酒、开工酒、上梁酒、乔迁酒，收禾要开镰酒、庆丰酒、封镰酒，学艺要拜师酒，入塾要迎师酒，正如辛弃疾所云"天下事，可无酒"；酒，造就了金华人尚饮、善饮、豪饮的性格。

滔滔的婺江水贯穿于金华广袤田畴间，滋养了这方风物和民俗，也孕育了独特的金华酒文化。

五　兴衰原因

金华酒的产生、发展和消亡都有其深刻之原因和规律，当我们梳理了金华酒在各时期的发展脉络后，再把它放入当时的政治、经济、文化等大背景中，用考古资料、实物与史籍相辅成，金华酒的兴盛与衰退的原因，还是较为清晰的。金华酒兴盛的主要原因有：

（1）政治稳定，经济繁荣。稻米是酿酒的主要原料，酿酒业依附农业，是农业的一部分。金华是浙江的主要农业区之一，从浦江"上山遗址"考古发现，这里是世界上稻作农业的最早起源地之一，同时也为金华地区悠久的农耕文化树起了一个新的坐标。"南宋建都临安，金华地近京畿，时较大规模兴修水利，农业经济有相当发展"[17]。"宋淳熙年间州守洪迈言金华田土多沙，势不受水，五日不雨则旱。县丞江士龙令耕者出力，田主出谷，修筑塘堰湖陂八百三十七所，溉田二千余顷"[18]。宋代王淮《白沙溪遗兴》中歌颂金华的冶水兴农业绩："白沙三十有六堰，春水平分夜涨流。每岁田禾无旱日，此乡农事有余秋。"[19]政府兴修水利，农业有较大的发展，为酿酒业创造了必要的条件。"元代的江浙行省富庶甲于天下，是元朝政府的财赋倚仗之地，而酒课做为江浙行省重要的赋税来源一直居全国各行省之冠"[20]。

（2）发达的水路交通。金华境内河流纵横，婺江、义乌江、东阳江、兰江、衢江、永康江、武义江纵横交错，各城互连，水上交通十分发达。李清照曾有"水通南国三千里"之句，李白在《赠韦参军量移东阳》中载有"闻说金华渡，东连五百滩……他年一携手，摇艇入新安"。辖境水运，唐代即已繁盛，其中兰溪为浙江水运枢纽，素有"三江之汇，七省通衢"之誉[21]。可见金华水路交通在唐代已十分发达，"鼎盛时期，在兰江上扬帆而过的有数千艘客货两用的船只，白天黑夜沿江'帆樯林立，码头人声鼎沸'"（见1930年《浙江省航政概要》）。南宋临安是当时全国的水陆交通中心，据《咸淳临安志》载，昔日临安"薪南粲北舳舻相衔，与夫江商海贾穷桅巨舶，安行于烟涛渺茫中，四方百货不趾而自集"。"商贾骈集，物货辐萃"的京师，更促进了金华的水运发展，《武林旧事》卷六有婺州"错认水"、兰溪的"瀫溪春"等金华酒，通过水运到达临安的记载，金华酒得益于舟楫之便，盛行于京都。

（3）商贸繁荣，饮酒风盛行。"绍兴和议"签定后，南宋向金朝称臣，朝廷苟安江南，过着歌舞升平、醉生梦死的生活，"山外青山楼外楼，西湖歌舞几时休。暖风熏得游人醉，直把杭州作汴州"，是当时的写照。大批的官宦、贵族、商贾云集杭州，当时酒的销量很大。由于北方战乱，交通不利，"北白南黄"（北方人饮白酒，南方人饮黄酒）的饮酒格局被打破了，"西湖游宴"自然以南酒为主，"对酒看花笑，无钱当剑沽，醉倒在西湖"[22]，可见饮酒风在杭州的盛行。

我们注意到，在清代名著《红楼梦》中提到许多酒，如绍兴酒、惠泉酒等南酒，但没有金华酒。清代小说《镜花缘》的作者借酒保之口，说出了70多种酒如绍兴酒、汾酒等名酒，也没有金华酒。清康熙二十二年的《金华府志》只提到金华酒是本府的物产而已，此时的金华酒已没有誉称了。在600多年前红极一时的金华酒，为什么会走向沉寂呢？这是一个值得我们思索的问题。事实证明，金华酒的沉寂是一个渐变的过程，也是众多原因的促成，明代王朝的北迁，异地酒业的发达，明代末年到清初连续的自然灾害，残酷的战争，婺州瓷的衰微等，使金华酒业逐步走向衰败。金华酒衰退的因素有以下几点：

（1）灾荒与战乱。明代后期到清初的50年内，连续的自然灾害使田园荒芜，民不聊生，依附于粮食的酿酒业也由此一落千丈。据《义乌县志》载："神宗万历十八年（1590），夏大旱……二十六年（1598），大旱，粒谷无收，民食草木，饿殍满野"，"崇祯九年（1636）大旱，民食观音粉"[23]，"顺治三年（1646）大旱，斗米千钱"[24]，"顺治三年大旱，次年春米斗银八钱"[25]。灾荒过后，为了节约粮食，赈灾救荒，政府往往会颁布禁酒令，金华曾在明末清初发布过禁酒告示，特别在太平天国时期，酒禁最为严酷，杨秀清曾有公示"酒之为物，最易乱人性情，一经沉酣，遂致改变本来面目，乘兴胡为……再犯者斩首示众"，"天法至公，无论至亲爵位，有犯必究"。如此严酷的禁酒令，把原本走向下坡路的金华酒业推向了深渊。

我们也不能忽视"兵乱"对金华酒业的影响，"顺治三年六月二十四日，清军贝勒博洛率军围城……七月二十七日城陷……兵屠城，尸横街巷，后有义士余学瑞及僧众集骨达旬积聚三处"[26]。这是我国历史上，继"扬州十日"、"嘉定三屠"之后的"金华之屠"。据光绪《金华县志》载，元代金华人口24.95万，至清康熙六年（1667），丁口只有70024人。连续的灾荒与毁灭性的屠杀，给金华经济与人口都带来灭顶之灾，金华酒业自然难逃厄运。

（2）质量上的原因。我们在浩翰的史料中尚能找到许多古人对金华酒的微词。如明代文学家、曾任过刑部尚书的王世贞在《酒品前后二十绝》中提到："金华酒，色如金，味甘而性纯，食之令人懑懑。即佳者，十杯后舌底津流旖旎不可耐，余尤恶之。"王先生酒量很大，又是位豪爽之人，他对当时20多种名酒都以个人的喜好作了点评，在这里，他对金华酒有点不客气了。金华酒味甜，性暖，《金瓶梅》中的"娘儿们"说"好甜金华酒儿"。冯惟敏《海浮山堂词稿》中也记述了一件事，明嘉靖四十二年，时任河北涞水县的县令在招待来该县视察的使者时，"执事者以金华酒进之（县令）恶其甘而叱之"[27]。喝惯了白酒的北方人对金华酒有厌恶之感，北方人不喜欢金华酒的甘味，由此可见一斑。清初有位叫宋起凤的学者擅长品酒，他在《稗说》一书中也谈到金华酒的色味浓甘，又不耐久放，这是其主要缺点。

明代京都北迁以后，大量的北方人士进入到主流社会，这些喝惯了烈性白酒的北方人，对味甘性和的金华酒不再青睐，金华酒逐渐被这些淡冽、醇香的白酒所代之，明代的谢肇所著的《五杂俎·物部论酒》中有云"酒以淡为上，苦冽次之，甘者最下"。

（3）婺州窑的衰退。婺州窑与金华酒，是金华历史上的双璧，它们之间是相辅相存的关系，金华酒靠婺州窑瓷来包装外销，婺州窑瓷也靠金华酒来维持其生产。近年来大量的考古发现，金华婺窑的产品中酒具占相当部分，如"兰溪的上碗窑遗址挖出瓷片堆积层厚达2米多，器具大都为酒坛、酒壶、酒瓶、酒碗之类，其中酒坛大都高35厘米左右，最大腹径20多厘米，正适合包装酒类以供远途运输之用"[28]。由于种种原因，婺州窑在明代以后一蹶不

振，这无疑给金华酒业外销带来危机。

（4）异地酿酒业高度发达。元代是我国酿酒业的大拐点，由于西域的蒸馏技术传入我国，大量的蒸馏酒（白酒）应运而生，使我国的酿酒业异常繁荣。明代中叶后期，蒸馏酒已越来越普及，至清初，蒸馏酒的发展迅猛，如四川的泸州老窖、五粮液、绵竹大曲，江苏的高沟大曲、双沟大曲、汤沟大曲、洋河大曲等白酒相继问世。白酒业的兴盛，大大冲击了金华酒的外销。

金华酒衰落之日，却是绍兴酒崛起之时。清代以后，绍兴酒异军突起，以其质厚、味醇、香气浓郁的质量成为南酒的代表。在明代以前的南酒类中，有金华酒却没有绍兴酒，明朝冯时化所写的《酒史》中，有金华酒也没有绍兴酒。到了清中晚期，绍兴酒以其优质的品味，而蜚声四起，史实证明，正是金华酒的黯色才冉升起了绍兴酒这颗在我国酿酒史中光芒四射的明星。

注 释

[1] 李仰松：《对我国酿酒起源的探讨》，《考古》1962年第1期。

[2] 方扬：《我国酿酒当始于龙山文化》，《考古》1962年第2期。

[3][7] 光绪《金华县志》卷十二《食货·赋税》。

[4] 贡昌：《婺州古瓷》，紫禁城出版社，1988年，第4页。

[5] 万伟成、丁玉玲《中华酒经》，百花文艺出版社，2008年。

[6][20] 杨印民：《元代江浙行省的酒业和酒课》，《中国经济史研究》2007年第4期。

[8] 朱振潘：《痴酒》，岳麓书社，2006年，第281页。

[9] 光绪《金华县志》卷十二《食货·物产》。

[10][14][15] 唐梓桑：《千古留芳金华酒》，《金华日报》2004年6月2日。

[11] 光绪《兰溪县志·物产》。

[12][26] 新编《金华市志》，浙江人民出版社，1992年。

[13][16] 周江、王庸华：《东阳酒文化千年陈醇溢浓香》，《东阳日报》2007年8月29日。

[17][18] 新编《金华县志》，浙江人民出版社，1992年。

[19]《婺城史话》，《金华市婺城区文史资料》第六辑，大众文艺出版社，2007年。

[21] 新编《金华市志》，浙江人民出版社，1992年，第615页。

[22] 杨朝英：《双调·水仙子》，《全元散曲》，中华书局，1964年。

[23] 光绪《金华县志》卷十六。

[24] 新编《义乌县志》，浙江人民出版社，1987年。

[25] 蒋中意：《追根溯源话婺商》，《金华日报》2006年2月24日。

[27] 陈诏：《饮食趣谈》，《中国民俗文化丛书》，上海古籍出版社，2003年。

[28] 陈星：《瀫溪春酒与兰溪婺州窑》，《金华日报》2004年6月14日。

椒芳春秋

张益帅（河北省博物馆　050011）

【摘要】汉晋之际，宫闱闺阁等上流社会椒风盛行，育椒、用椒、咏椒等成为风雅、高贵的文化表征。本文管窥蠡测，对汉晋以降围绕椒芳的文化现象作一简要论述。

【关键词】花椒　香料　文化

椒，这小小的满布疣状腺体的蓇葖果，还有那特有的芬芳气息，令古人有一种无比温馨、温暖的感觉。

孙机先生在《汉代物质文化资料图说》一书中讲到"花椒（实物）在战国时已屡次发现"[1]，如信阳长台关楚墓发现保存完好的花椒粒[2]，到了西汉，若干保存较好的大墓中，更是常见花椒的遗骸。如1968年发现的满城一号汉墓，墓主人是汉武帝的异母兄长、中山靖王刘胜，在墓中棺椁的部位发现了一套较为完整的金缕玉衣，玉衣的头部有一件相当精美的镶玉铜枕，枕中满填植物果实、果柄等物，经检验为芸香科的花椒[3]。此外，1972年发掘的长沙马王堆汉墓，有四件熏囊，一件见于北边厢，三件置于东边厢65号竹笥中。熏囊用白绡素绢缝制，一件满装茅香根茎，一件满装花椒[4]，另两件的填充物为茅香和辛夷。墓主人尸身两千余年不腐，两手还各握有一个香囊。王侯命妇，事死如生，椒芳悠悠，何止千年！其他如广西贵县罗泊湾一号汉墓[5]等也有发现，于此也透射出汉人对椒香的钟情。

古人在不断的观察比较中认识自然，颖悟造化，逐渐将自然界客观之物与主观欲求统一起来，创造出多姿多彩的文化，即使日常生活中细微的方面，也无不闪耀着先人们思想的火花。椒也如此，从山野的椒到园艺的椒，从调味的椒到闺阁的椒，从自然的椒到品格的椒，这并不算起眼的自然之物同样寄托着先人的哀乐和灵感。汉人重实又务虚，一方面创造和享受着丰富而奢侈的世俗生活，一方面又不乏瑰丽虚幻的奇想，《山海经》一书关于椒的零星记载，应当说，在西汉社会的人们不会感到陌生。"琴鼓之山，其木多椒"、"虎尾之山，其木多椒椐"等[6]，对热衷于仙道的士大夫来说，不啻是很好的诱惑。《春秋·运斗枢》"玉衡星散为椒"[7]，又将地上的椒与天上的星辰联系了起来。

一　育椒用椒

今天花椒的栽培和加工已成为一个产业，有了各种品种，有了官方命名的"花椒之乡"，也有了用椒的深拓展和小创新，但从育椒用椒的文化层面看，这些技术知识可谓源远流长，古已有之。如成书于六世纪的《齐民要术·种椒》篇引用古书《范子计然》说蜀椒出武都，秦椒出天水。又讲到北魏时有青州商人"居椒为业，见椒中黑实，遂生意种之。凡种数千枚，止有一根生。数岁之后，便结子，实芬芳，香形色与蜀椒不殊……遂分布栽移，略遍州境也"[8]。从记载看，蜀椒自古有名，今天著名的"花椒之乡"四川江津、汉源等都在巴蜀之地，陕西凤县地处秦岭腹地、嘉陵江源头，毗邻甘肃天水，也属历史上名椒产地，所产大红袍品种色泽鲜红，粒大肉厚，民间传说该地花椒曾被慈禧太后赏识，赐名"凤椒"。陕西韩城位于山西、陕西交界的黄河之滨，也是今天著名的椒乡。

生活中，椒用处广泛。首先，其独特的清香给古人带来各种实际用途，如置于熏囊中作为香料，置于佳酿中作为椒酒，还有椒叶可作为茶饮，如西晋名士陆机（261—303）在《毛诗·疏义》中说："椒树似茱萸，有针刺，叶坚而滑泽，蜀人作茶，吴人作茗，皆煮其叶以为香。"[9] 椒香更是受到后宫嫔妃们的喜爱，甚至成为她们居处高雅奢华的代名词，如东汉应劭《汉官仪》记载："皇后以椒涂壁，称椒房，取其温也。"[10] 香气氤氲，自然让人产生温暖的感觉。《援神契》也云椒姜御温，菖蒲益聪[11]。然而，古往今来，花椒最主要的功能还是作为各种饮食的调料。莫说中华饮食的"八大菜系"、平民百姓的粗茶淡饭，一两千年前的汉晋民食，花椒已然是香辛料的重要成员。如《风土记》曰："三香椒、樆、姜。"[12]《续汉书》曰："天竺国出石蜜、胡椒、黑盐。"[13]（古人以为胡椒是花椒的域外异种，非也）前引陆机还写道："竹叶椒……可着饮食中，用蒸鸡豚，佳香！"[14]《齐民要术》中说："其叶及青摘取，可以为菹，干而末之，亦足充事。"[15] 菹是腌菜或酸菜，值得注意的是，古人讲究及时食用花椒的青枝嫩叶，这样更入味、鲜美，笔者幼年时，家家腌制酱豆，常放此物，故深有感触。

除此之外，花椒还有很多医疗药用价值。秦汉时人编写的《神农本草经》认为，花椒可以"坚齿发"，有"耐老增年"之功效[16]。《齐民要术》引用古书《养生要论》记载："内井中，除瘟病。"[17] 李时珍《本草纲目·果部·蜀椒》中说，椒红（花椒果皮，成熟后多呈红色）主治"邪气咳逆，温中，寒湿痹痛，久服头不白，轻身增年……治天行时气，产后宿血，壮阳疗阴汗，暖腰膝……杀蛔虫，止泄泻"[18] 等，据说李时珍巧用椒红、茴香、枣肉等

图一　花椒植物

配方治愈了一位七句老妪的腹泻。除椒红外，椒目（花椒籽实）、叶、根等皆可入药。

随着经济发展和科技进步，人们不断从生活经验中总结巧用花椒的便利，也开发了不少花椒新产品。如人们发现花椒可防蚁、驱粮虫，可防呢料虫蛀、油脂变味、苍蝇叮食等，现代工艺萃取的花椒油是名贵的调味香料，也是具有多种用途的工业原料。

二　古人与椒

物质的椒芬芳温馨，耐人寻味，在此基础上，精神的椒变成了高洁美好的象征，与兰蕙等一起跻身于众芳之列，成为飨神通灵的媒介，而确立如此精神意象的当首推大诗人屈原。长诗《离骚》中竟有六处提及"椒"，如"昔三后之纯粹兮，固众芳之所在。杂申椒与菌桂兮，岂维纫夫蕙茝"，"巫咸将夕降兮，怀椒糈而要之"等[19]。其中，"申"表明椒的产地及品种（北周时置申州，故地当在今河南信阳南），"菌桂"是桂的一种，"糈"是荐神的精米，椒糈或是充满椒香的米，或是椒的籽实（俗称椒目）。楚地广土众川，又有云梦大泽，自是品物蕃盛，然而，香草自香人自浊，又有几人能够做到"举世皆浊我独清，众人皆醉我独醒"呢？洁美芬芳无人珍惜，正如诗人一样，既不愿同流合污，便只有与想像的神的世界沟通了。这样看来，各种香草既是诗人的伴侣，也是诗人的化身！此外，楚人祀神的唱词中也能寻觅"椒"的影子，如《东皇太一》有"蕙肴蒸兮兰藉，奠桂酒兮椒浆"，《湘夫人》中有"荪壁兮紫坛，播芳椒兮成堂。"讲的是敬神要用浓郁椒香

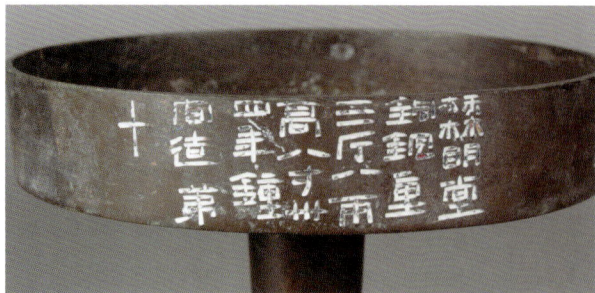

图二　刘胜墓出土的铜灯

图三　刘胜墓出土的铜枕

的酒浆，夫人之闺阁厅堂要遍布芳椒才够高雅。这里仍然是众芳罗列椒独秀！

与椒缘分深厚的另一个古人要算上文所谈的刘胜了。刘胜其人史载不多，但也透露出此人并非庸才，一篇《闻乐对》[20]让刚即位两年、18岁的汉武帝放慢了削夺诸侯王权柄的步伐。他的墓中除前述椒芯铜枕外，另有四件形制优雅的铜灯，铭文皆有"椒林明堂"标记，铸造年份、铜灯编号清楚，其中一件编号"十"，可以推测这是一组至少十件为"椒林明堂"特制的器物。明堂之制，据说肇自三皇，是封建国家根本性的象征礼制。汉承秦弊，百废待兴，直到汉武帝即位（前140）后，方才"议立明堂"[21]。虽说诸侯王谨仿汉朝宫阙制度，但明堂既为中央王权之象征，中山国的明堂或许仅是一般的宫观殿堂罢了。殿堂以椒闻名，汉晋时代并非孤例，如西汉未央宫有椒房殿，晋洛阳宫有椒华堂，《拾遗记》中有汉武帝于恍惚间，见李夫人授受蘅芜，遂将延凉室更名为遗芬梦堂[22]。刘胜与椒林明堂究竟有怎样的故事，碍于漫渺无征，只有任凭"好事者"想像了。但若干线索可助想像一臂之力，一是椒乃贵妇所好之物；二是刘胜其人子孙众多，恰好椒实累累，也有繁衍的象征；三是椒于《诗经》中有名，又是屈原自况之物，刘胜才华自诩，熟悉诗书，或是暗慕屈原风骚！

"捣椒自随"，誓死维护正统礼制，说的是东汉桓、灵之际的太尉李固。张璠《汉记》记载："桓帝窦皇后崩，中常侍曹节、王甫欲以贵人礼葬，太尉李固自扶舆，起，捣椒自随。谓妻子曰：'若太后不得配桓帝，吾不生还矣！'"[23]这个故事里，椒与后宫、正统、死亡和决心再次联系起来，古代上层社

会的椒香情结可见一斑。

吞椒致噤，抵制王命的故事发生在书法家钟繇身上。魏氏《春秋同异》记载，三国曹魏名士钟繇晚年喜爱庶子钟会的生母，废黜了嫡夫人，魏文帝曹丕横加干涉，钟繇一气之下吞椒致噤，弄得曹丕没有办法，只好罢休[24]。另外，新年的第一天，向家中长者敬献椒酒，祈求祖脉绵延，和睦安康，成为汉时社会颇为流行的风俗。如崔寔（？—170）《四民月令》记载："正月之旦，进酒降神毕，室家无大小，次坐先祖之前，子孙各上椒酒于家长，（家长）称觞举白。"[25]

三　椒与诗文

椒，作为中华先民熟悉和喜爱的物种，还走进了他们"言志"的吟诵生活中。《诗经》是我国最早的诗歌总集，里面有两篇作品与椒有关，它们是《国风·唐风》的《椒聊》，及《国风·陈风》的《东门之枌》。《椒聊》只有两章十二句，不妨摘录如下："椒聊之实，蕃衍盈升。彼其之子，硕大无朋。椒聊且！远条且！椒聊之实，蕃衍盈掬。彼其之子，硕大且笃。椒聊且！远条且！"[26]"椒聊"就是"椒也"，聊为语助词。这首诗的创作背景，注《诗》者多认为时人讽喻西周末年的晋昭公，当时昭公支别桓叔封于沃（今山西曲沃附近），修政盛强，多有美德，时人担忧桓叔子孙将有晋国，借椒以起兴。对于椒是否多实，古人也有争论，但由于"诗三百"的地位，长久以来，人们逐渐赋予了它多子多福、繁衍不息的思想内涵。

《东门之枌》三章十二句，只有最后两句提到"视尔如荍，贻我握椒！""荍"，芘芣也，又名荆葵。

《诗·笺》云："男女交会而相悦，曰：我视女之颜色美如茷芣之花，然女乃遗我一握之椒，交情好也。"注家多以为这首诗讽刺淫乱之风，其实抛开道学家的偏见，不难看出这是一篇古代青年男女欢会爱慕的情诗，羞涩的少女以椒为爱情的信物，这是多么美好含蓄的象征啊！

此外，屈原《楚辞》中对椒的推崇和诘问前已述及，这些诗文可理解为诗人对自身的扣问。东汉班固《西都赋》中，有"决渠降雨，荷锸成云，离宫别馆，神池灵沼……后宫则有掖庭椒房后妃之室……"[27]到了两晋时期，有个叫成公绥的人写了《椒花铭》："嘉哉芳树，载繁其实，厥味唯珍，蠲除百疾，肇惟岁首，月正元日，以介眉寿，祈以初吉！"[28] 还有个叫刘臻的，他的妻子陈氏于"月正元日"呈献了一篇《椒花颂》："璇穹周回，三朝肇建，美哉灵葩，爰采爰献，圣容服之，永寿于万！"[29] 细小之物，晋人才思，也堪赞叹！

杜甫（712—770）的《丽人行》描写杨贵妃的姐姐、虢国夫人和秦国夫人江畔踏春的风姿和奢华，里面有"就中云幕椒房亲，赐名大国虢与秦"。五代的裴迪在其《椒园》一诗中吟道："丹刺胃人衣，芳香留过客。幸堪调鼎用，愿君垂采摘。"[30] 南宋田园诗人范成大（1126—1193）《癸巳元日雪晴》中有"匝地东风劝椒酒，山头今日是春台"[31]。辞旧迎新，春风渐起，元日献椒酒，一派吉祥。明朝和尚宗林参禅之余，也给后人留下了《花椒》一诗："欣欣笑口向西风，喷出玄珠颗颗同。采处倒含秋露白，晒时娇映夕阳红。调浆美箸骚经上，涂壁香凝汉宫中。鼎铼也要加此味，莫叫姜桂独成功。"[32]

综上所述，花椒在古代社会作为日常所需品，无论普通百姓，还是达官显贵，都对其情有独钟，尤其女性更视其为显赫身份或高雅情趣的象征。然而，熟悉的事物反而容易被忽略，千百年来，人们对它的关注显得支离破碎，今天也只能从有限的记载和偶现的遗骸推想当年的生活。花椒虽小，却蕴涵着人们对大自然馈赠的感谢和赞美。

注 释

[1] 孙机：《汉代物质文化资料图说》，文物出版社，1991年，第20页。

[2] 河南省文物研究所：《信阳楚墓》，文物出版社，1986年。

[3] 中国社科院考古研究所：《满城汉墓发掘报告》，文物出版社，1980年。

[4] 湖南省博物馆、中国科学院考古研究所：《长沙马王堆一号汉墓》，文物出版社，1973年。

[5] 广西壮族自治区博物馆：《广西贵县罗泊湾汉墓》，文物出版社，1988年，第111页。

[6] 袁珂：《山海经全译》卷5《中山经》等，贵州人民出版社，1991年。

[7] [9] [10] [11] [12] [14] [23] [24] [25] [27] [28] [29] [宋]李昉等：《太平御览》，河北教育出版社，2000年，卷958。

[8] [15] [17] [北魏]贾思勰：《齐民要术》卷4，中国书店

出版社，2008年。

[13] 谭其骧：《续汉书郡国志汇释》，安徽教育出版社，2007年。

[16] [清]顾观光辑，于童蒙译：《神农本草经》，哈尔滨出版社，2007年。

[18] [明]李时珍：《本草纲目》，重庆大学出版社，1996年，第341页。

[19] 屈原：《楚辞》，时代文艺出版社，2001年，第21页。

[20] [东汉]班固：《汉书》，团结出版社，1996年，第528页。

[21] 同 [20]《汉书·武帝纪》，第35页。

[22]《太平御览》卷175。

[26] 杨任之：《诗经探源》，青岛出版社，2001年。

[30] [32]《四库全书·御定佩文斋咏物诗选》272，上海古籍出版社，1994年。

[31]《全宋诗》卷2254，北京大学出版社，1998年，第41册。

《汉故执金吾丞武荣碑》补证

金　玲（北京大学　100012）

【摘要】本文对《武荣碑》铭作了补充考证，对武荣以执金吾属官身份屯守玄武门、有违常制这一错位现象作了解释。

【关键词】武荣碑　执金吾　玄武门

钱大昕《潜研堂金石文跋尾》中本碑跋文称："武君以孝廉起家，遭孝桓大忧，屯守玄武，感恸而亡，盖在建宁改元之初矣。《续汉书·百官志》：'玄武司马，主玄武门。'属卫尉，不属执金吾。此以执金吾丞屯玄武者，国有大丧，备非常也。"[1]

按照钱大昕的意思，武荣以执金吾属官身份屯守玄武门，并非常制。本文欲补充证据，解释这一"错位"现象。

一　执金吾和卫尉

执金吾的设置、执掌、属官、秩位问题，案《汉书》中尉条[2]称："中尉，秦官，掌徼循京师[3]。有两丞、侯、司马、千人[4]。武帝太初元年更名执金吾[5]。属官有中垒、寺互、武库、都船四令丞[6]。都船、武库有三丞，中垒两尉。又式道左右中侯、侯丞及左右京辅都尉，尉丞兵卒皆属焉[7]。初，寺互属少府，中属主爵，后属中尉。自太常至执金吾，秩皆中二千石，丞皆千石[8]。"再据《后汉书》执金吾条[9]："执金吾一人，中二千石[10]。本注曰：掌宫外戒司非常水火之事[11]。月三绕行宫外，及主兵器。吾犹御也[12]。丞一人，比千石[13]。缇骑二百人。本注曰：无秩，比吏食奉。本注曰：本有式道、左右中侯三人，六百石。车

驾出，掌在前清道；还，持麾至宫门，宫门乃开。中兴但一人，又不常置，每出，以郎兼式道侯，事已罢，不复属执金吾，又省中垒、寺互、都船令丞、尉及左右京辅都尉。"[14]

综合上文，西汉时执金吾本为中尉，官高权重，掌有京师警备之职。到了东汉，执金吾仍为二千石高官[15]，但是下面很多职权、属官都已经被裁省（如寺互）或分立（如左右京辅都尉）出去，"不预国事"[16]。

执金吾还有一项重要任务：皇帝法驾出行备奉引。卫宏《汉旧仪补仪》卷上言法驾，称："公卿不在卤簿中，河南尹、执金吾、洛阳令奉引。"[17]后汉执金吾属官又有武库令："武库令一人，六百石。本注曰：主兵器。丞一人。"[18]案太仆属官有考工令，六百石，"主作兵器弓弩刀铠之属，成，则传执金吾入武库"[19]。知考工令成兵器等后，即送执金吾属官武库令。大约也正是因为属下有收主武器铠甲之职，背后物资保障充裕，法驾出行时执金吾骑从才能"光满道路"，得到"群僚之中，斯最壮矣"、"仕宦当作执金吾"的赞叹。

那么玄武门守卫是什么人？案《续汉志》卫尉条[20]："卫尉，卿一人，中二千石。本注曰：掌宫门

卫士，宫中徼循事。丞一人，比千石。公车司马令一人，六百石[21]。本注曰：掌宫南阙门，凡吏民上章、四方贡献、及徵诣公车者。丞、尉各一人。本注曰：丞选晓讳，掌知非法。尉主阙门兵禁，戒非常[22]。南宫卫士令一人，六百石。本注曰：掌南宫卫士，丞一人。北宫卫士令一人，六百石。本注曰：掌北宫卫士，丞一人。左右都侯各一人，六百石。本注曰：主剑戟士，徼循宫，及天子有所收考。丞各一人。宫掖门，每门司马一人，比千石。本注曰：南宫南屯司马，主平城门北宫门；苍龙司马，主东门；玄武司马，主玄武门；北屯司马，主北门[23]；北宫朱爵司马，主南掖门；东明司马，主东门；朔平司马，主北门[24]。凡七门。凡居宫中者，皆有口籍于门之所属。宫名两字，为铁印文符，案省符乃内之。若外人以事当入，本官长吏为封棨传；其有官位，出入令御者言其官。"

按照制度，玄武门有卫尉属官玄武司马执掌，《武荣碑》所记以执金吾屯玄武门不大合制度。惟国有大丧，不得不便宜行事，以备非常。然而为什么要让碑主去执行这项任务，乃至于"加遇害气"，遭疾而亡呢？不能简单臆解为桓帝末年政事混乱未必事事皆依法律，还需要进一步考察两个方面：玄武门以及宫门的形制和各自守备情况。

二 洛阳宫城、复道和几种"门"

东汉洛阳城内布局究竟如何？由于它为曹魏、西晋、北魏等后代建筑扰乱或叠压，不像西汉长安城和后代长安城并非一地，所以通过考古手段复原相当困难，已有发掘报告主要是关于北魏都城的。东汉洛阳城遗迹中已经发掘并有研究的是明堂、太学、辟雍；至于宫城，现有考古资料还很难提供理想的复原图。目前深入研究的有王仲殊《汉代考古学概说》里面的相关内容、钱国祥《由阊阖门谈洛阳城宫城形制》[25]、张鸣华《东汉南宫考》[26]等。个人认为张文太依赖文献记载，有的观点似可商榷；钱文有发掘报告为佐证，较有说服力。

钱文中关于南宫北面宫门，认为"根据勘探了解到的洛阳城道路情况，复原的南宫北面正对的南北向道路只有一条，即大城北墙汉代谷门内南北大道。在正对这条大道的南宫北墙东面设一宫门当符合常规。另据文献记载，南、北宫之间是由楼阁式复道相连，在这条复道上与北宫相对的南宫北墙西面也应有一座宫门……玄武门显然是南宫北墙西面贯通复道的宫门。该门有阙，称玄武阙，也称北阙，符合南、北宫之间称为南、北宫阙下的记载。"同文又认为，北宫南墙只有一座门，那就是朱雀门，"朱雀掖门也许就是朱雀门复道下进出北宫的通道"。二者之间，有复道相连。

关于复道，可以参考王子今、马振智《秦汉复道考》[27]和王子今《秦汉甬道考》[28]，公认的结论是复道连接不同建筑之间，也是"人法天"观念的体现。复道比较高，类似于陆上高架桥，可以起到便利交通的作用。

《后汉书·何进传》载南北宫之间复道采取的是阁道形式："让等入白太后，言大将军兵反，烧宫，攻尚书闼，因将太后、天子及陈留王，又劫省内官属，从复道走北宫。尚书卢植执戈于阁道窗下，仰数段珪。"[29]

东汉还专门有管理南北宫之间复道的官员，称复道丞，是大长秋下的中宫署令的属官："中宫署令，六百石，主中宫请署天子数。女骑六，丞、复道丞各一。本注曰：宦者。复道丞主中阁道。"[30]可见南北宫之间的阁道之重要。

接下来考察"司马门"。按《史记·项羽本纪》："至咸阳，留司马门三日。"[31]集解："凡言司马门者，宫垣之内，兵卫所在，四面皆有司马，主武事。总言之，外门为司马门也。"索隐："按天子门有兵阑，曰司马门也。"[32]

但《汉书·元帝纪》说："令从官给事宫司马中者，得为大父母、父母、兄弟通籍。"应劭曰："司马中者，宫内门也。"师古曰："应说非也……司马门者，宫之外门也。卫尉有八屯卫侯司马，主卫士，徼循宿卫，每面各二司马，故谓宫之外门为司马门。"[33]又《史记·张释之传》："顷之，太子与梁王共车入朝，不下司马门。于是释之追止太子、梁王无得入殿门。"集解引如淳说："宫卫令'诸出入殿门公车司马门，乘轺传者皆下，不如令，罚金四两'。"[34]《史记·东方朔传》："朔初入长安，至公车上书。"正义引《汉仪注》："公车司马掌殿司马门，夜徼宫，天下上事及阙下，凡所徵召皆总领之。"[35]

三 宫省制度和各门守备

黄以周《汉南北军两宫卫考》、《汉司马门、司马殿门、殿司马门考》[36]是两篇重要考证文章，分析了宫廷守卫人员的不同位置和分工[37]。黄文主要结论是：宫外门称司马门，以守宫司马得名，由司马管理，属执金吾，执金吾署在司马门外。宫内门称司马殿门，为宫司马近殿之门，以公车司马得名，由公车司马管理，属卫尉，卫尉寺在司马殿门内[38]。殿外门称殿司马门，以与宫门（司马门）区分，由中郎将管理，属光禄勋，光禄勋署在殿内。

那么黄文所谓"殿"是一个什么概念？是正殿还是"省"？汉代政治制度中有两个重要概念：宫中、省中，要理解中外朝制度也要依据于此。"宫"不难解释，需要分析的是什么叫"省"。杨鸿年《汉魏制度丛考·宫省制度》对此已经有了很充分的解释[39]，此不赘述。问题在于，宫中和省中之间有没有一条兼具制度规定和具体建筑二重性质的界线？或者再退一步，宫城之内，哪些地方属于"省中"？哪些地方属于"宫中"？

关于此问题，洛阳南北宫未见发掘，置之勿论。以未央宫为例，后宫如椒房殿、掖庭之属显属省内。史有明文为省官的，其寺所在，当即省内，如少府、光禄勋。东汉有大长秋，"职掌奉宣中宫命"[40]，亦为省官。需要说明的是，宫城内诸多的"殿"，并不都属于"省中"。比如高门殿，《汉书·鲍宣传》："高门去省户数十步，求见出入，二年未省。"[41]《后汉书·何进传》也提供了一些线索："又张让等入宫使人潜听，具闻其语，乃率常侍段珪、毕岚等数十人，持兵窃自侧闼入，伏省中。及进出，因诈以太后诏召进。入坐省闼……于是尚方监渠穆拔剑斩进于嘉德殿前。"[42]这段记载说明，前殿也属于省内。前殿在西汉具体指未央宫中央的主体建筑，在东汉指南北二宫各自的主体建筑。既然椒房、掖庭、前殿并

非连结一处而成一大殿，我认为，省中其实是宫内一个区域，由诸殿、署组成，最大者为前殿。正如作为宫城主体建筑的前殿由它最前面那座殿而得名，用"前殿"或"殿"来指称整个"省"也是可以的了。大约黄文所讨论的殿，就是前殿。可见宫中只有一部分殿可以算是省内。

皇宫的一座门并不像我们想像得那么简单。根据未央宫发掘报告，外宫墙只有一重，墙基宽达8米，那么实际筑成的宫墙应该是不到8米厚，但已经足以御敌。北宫门门道保存甚差，其北部试掘部分进深6.25米[43]。如果没有进一步的发掘证明宫墙内还有内墙，依黄以周说，只能假设宫门是一门二卫，即宫门内侧由属卫尉的公车司马令执掌，宫门外侧由属执金吾的宫司马执掌。这样就可以画出一个汉代宫城模型图。也只有建立了这样一个模型才能讨论职官的分区，确认当时执金吾位置所在。

卫宏《汉旧仪》卷上云："皇帝起居仪：宫司马内，百官案籍出入，营卫周庐，昼夜谁何。殿外门署属卫尉，殿内郎署属光禄勋。宫司马诸队都候领督盗贼，属执金吾；司马掖门、殿门屯卫士皆属卫尉。"[44]黄文关键的论据就在于此，宫司马门由执金吾值守而掖门有卫尉。碑文中说的"屯守玄武"，如果认为是屯守玄武门之外，包括两宫掖门之间的复道，也是可以成立的，这正是执金吾所司。

四 执金吾和玄武门

光武中兴改制，裁省执金吾职守，使之逐渐但备警卫而已，它已经不像西汉那样位高权重了。碑文里提到屯守玄武门，正是这一变化的表现。接下来的问题是，东汉之世，执金吾守玄武门、复道有无先例？

在《东观汉记·冯鲂传》里提到："永平十五年，上行幸诸国，鲂车驾发后，将缇骑宿玄武门复道上，领南宫吏士，保给床席，子孙得到鲂所。诏曰：'南宫复道多恶风寒，左右老人居之且病痱。内者多取帷帐，东西完塞诸窗，望令致密。'"[45]冯鲂这之前已经有执金吾的身份了："（永平）七年，代阴嵩为执金吾。"[46]

复道守卫，确乎可由执金吾来担任，已有先例。武荣身为执金吾丞，驻守玄武门是很正常的。另外，前文中提到南宫卫士由卫尉属下的南宫卫士令管理。

前文考察复道形制的时候，说明了复道是一种凌空建筑，高到皇帝可以从上窥下，而且有窗。高处多有大风，因此汉明帝诏书里提到"恶风寒"，需要取内家帷帐来"完塞诸窗"。可见平时在复道上执勤的卫士，容易受大风寒气所苦。这项起于明帝之世的待遇，到桓帝时还有没有，就史无记载了。

"山陵崩"的时候，守住宫门是防止政变或在斗争中掌握主动的一项重要任务，尤其是主少臣疑的多事之秋。《史记·吕太后本纪》云："七月中，高后病甚……诫产、禄曰：'……我即崩，帝年少，大臣恐为变。必据兵卫宫，慎毋送丧，毋为人所制。'"[47]《后汉书·杨仁传》："显宗特诏补北宫卫士令……及帝崩，时诸马贵盛，各争欲入宫。仁被甲持戟，严勒门卫，莫敢轻进者。"[48]《后汉书·窦武传》："令中谒者守南宫，闭门，绝复道。"[49]

又据《续汉志》："登遐……闭城门、宫门。近臣中黄门持兵，虎贲、羽林、郎中署皆严宿卫，宫府各警。北军五校绕宫屯兵。"[50]可见宫廷斗争中宫门属于必争之要地。

最后，桓帝从驾崩到下葬用了多少时间？案《后汉书·桓帝纪》："（永康元年十二月）丁丑，帝崩于德阳前殿，年三十六。戊寅，尊皇后曰皇太后，太后临朝。"[51]同书《灵帝纪》载："建宁元年春正月……庚子即皇帝位……二月辛酉葬孝桓皇帝于宣陵，庙曰威宗。"[52]碑文中提到"遭孝桓大忧"，"大忧"释作驾崩当无误。次年灵帝即位，改元建宁，并葬桓帝。该年秋九月，窦武、陈蕃欲诛宦寺而其事不成，宦官气焰愈盛，国事不可复支。

根据上文分析，复原的历史情形大致如此：隆冬腊月，武荣要率领着手下卫士担任警戒，这地点很有可能在易有风寒的复道上。又值皇帝大行，外戚、宦官明里暗中的激烈政治斗争不可能不去争取宫城守卫尤其是复道的警卫，或许武荣也会由此而受到威胁和压力。一国无主的紧张状况大约要持续到灵帝即位，桓帝下葬为止。窦武的政变发生在半年之后，已经和"桓帝大忧"没有什么关系了。如果没有进一步的证据，也只能判断武荣死于严寒冗事引发的疾病，还不能认为他牵连到政变里面因而遇害，虽然复道确实是东汉末年政变双方争夺的要地。

注释

[1] 钱大昕：《嘉定钱大昕全集·陆·潜研堂金石文跋尾·故执金吾丞武荣碑》，江苏古籍出版社，1997年，第17页。

[2] 《汉书》卷十九上《百官公卿表第七上》，中华书局，1962年，第732、733页。

[3][8] 如淳注："所谓游徼，徼循禁备盗贼也。"师古曰："徼谓遮绕也，徼音工钓反。"

[4] 师古曰："侯及司马及千人皆官名也。属国都尉云有丞、侯、千人。西域都护云司马、侯、千人各二人。凡此

千人，皆官名也。"

[5] 应劭曰："吾者，御也，掌执金革以御非常。"师古曰："金
　　吾，鸟名也，主辟不祥。天子出行，职主先导，以御
　　非常，故执此鸟之象，因以名官。"可参阎步克《也
　　谈辛延年＜羽林郎＞中的金吾子》，《中国文化研究》
　　2004年春之卷。

[6] 如淳曰："《汉仪注》有寺互，都船狱令，治水官也。"

[7] 应劭曰："式道凡三侯，车驾出还，式道侯持麾至宫门，
　　门乃开。"师古曰："式，表也。"

[9] 《后汉书·志第二十七·百官四·执金吾》，中华书局，
　　1965年，第3605、3606页。

[10] 原书注："《汉官秩》云比二千石。"

[11] 胡广曰："卫尉巡行宫中，则金吾徼于外，相为表里，
　　以擒奸讨猾。"

[12] 应劭曰："执金革以御非常。"《汉官》曰："员吏二十九人，
　　其中十人四科，一人二百石，文学三人百石，二人斗食，
　　十三人佐学事，主缇骑。"

[13] 原书注："《汉官秩》云六百石。"

[14] 原书注《汉官》云："执金吾缇骑二百人，持戟
　　五百二十人，舆服导从，光满道路。群僚之中，斯最
　　壮矣。世祖叹曰：'仕宦当作执金吾。'"

[15] 见注[11]，二说未知孰是。其丞已从西汉千石降为
　　比千石，可见东汉执金吾秩位较西汉已有下降。

[16] 当时中央与地方职官建制是类似的，郡国亦设中尉，
　　劳榦：《论汉代的卫尉与中尉兼论南北军制度》，《中央
　　研究院历史语言研究所集刊》第二十九本下册，1958年。

[17] 本条下有双行小字注："案《史记·孝文本纪》，《索隐》引《汉
　　官仪》文与此略同，作京兆尹，长安令。"本条出孙星
　　衍辑《汉官六种》，嘉庆十七年平津馆丛书刻本甲集。

[18] 《后汉书·志第二十七·百官四》，第3606页。

[19] 《后汉书·志第二十五·百官二》，第3581页。

[20] 《后汉书·志第二十五·百官二》，第3579、3580页。

[21] 案应劭《汉官仪》卷上云："公车司马令，周官也，
　　秩六百石，冠一梁，掌殿司马门，夜徼宫中。天下上
　　事及阙下，凡所徵召皆总领之。"

[22] 注引胡广曰："诸门部各陈屯夹道，其旁当兵，以示威
　　武，交戟以遮妄出入者。"

[23] 按以上四司马卫南宫。

[24] 按以上三司马卫北宫。

[25] 钱国祥：《由阊阖门谈洛阳城宫城形制》，《考古》

[26] 张鸣华：《东汉南宫考》，《中国史研究》2004年第2期。

[27] 王子今、马振智：《秦汉复道考》，《文博》1984年第3期。

[28] 王子今：《秦汉甬道考》，《文博》1993年第2期。

[29] 《后汉书》卷六十九《窦何列传第五十九》，第2252页。

[30] 《后汉书·志第二十七·百官四》，第3607页。

[31] 《史记》卷七《项羽本纪第七》，第308页。

[32] 同上注，第309页。

[33] 《汉书》卷九《元帝纪第九》，第286页。

[34] 《史记》卷一百二《张释之冯唐列传》，第2753页。

[35] 《史记》卷一百二十六《滑稽列传》，第3206页。

[36] 黄以周：《儆季杂著·史说略》卷二，光绪二十年江
　　阴南菁讲舍刻本。

[37] 黄以周对长乐、未央二宫位置的判断有误，俞正燮
　　《癸巳类稿·汉南北军义》以为长乐在东北未央在西南，
　　被今天的考古发掘证明是相对正确的。

[38] 宫城内四角有卫尉驻地，《西京赋》曰："徼道外周，
　　千庐内附。卫尉八屯，警夜巡昼。"李善注："卫尉帅
　　吏士周宫外，于四方四角，立八屯士。士则傅宫外向
　　为庐舍，昼则巡行非常，夜则警备不虞夜。徼音叫。
　　善曰：'《西都赋》曰徼道绮错。'"见《文选》，第39页。

[39] 杨鸿年：《汉魏制度丛考》，武汉大学出版社，2005年，
　　第1-20页。

[40] 《后汉书·志第二十七·百官四》，第3606页。

[41] 《汉书》卷七十二《王贡两龚鲍传第四十二》，第3093页。

[42] 《后汉书》卷六十九《窦何列传第五十九》，第2251页。

[43] 中国社会科学院考古研究所：《汉长安城未央宫——
　　1980～1989年考古发掘报告》，中国大百科全书出版
　　社，1996年。

[44] 《汉官六种·汉旧仪》，孙星衍辑，平津馆丛书本。

[45] 《东观汉记》卷十五《冯鲂》，第584页。

[46] 《后汉书》卷三十三《朱冯虞周列传第二十三》，第
　　1149页。

[47] 《史记》卷九《吕太后本纪第九》，第406页。

[48] 《后汉书》卷七十九下《儒林列传第六十九下》，第
　　2574页。

[49] 《后汉书》卷第六十九《窦何列传第五十九》，第2243页。

[50] 《后汉书·志第六·礼仪下》，第3141页。

[51] 《后汉书》卷七《孝桓帝纪第七》，第320页。

[52] 《后汉书》卷八《孝灵帝纪第八》，第328页。

原始青瓷与青瓷概念思考
——兼述德清窑及鸿山考古的收获

陆明华（上海博物馆　200003）

【摘要】本文对原始青瓷与青瓷的概念进行了讨论，认为要解决瓷器发展各个阶段的定名问题，首先在于认识事物的本质及其发展规律，而非简单定义。同时对鸿山越墓与德清窑场间的关系及考古发现的意义、青铜时代晚期原始瓷礼乐器等问题作了探讨。

【关键词】原始瓷　窑址　墓葬　礼乐器

前些年，南方地区早期瓷质产品及其窑场的考古发现有相当的进展，江西、浙江等地屡见有重要原始青瓷出土。近来，江苏无锡鸿山越墓和浙江德清原始青瓷窑场的发掘也取得了重要收获。鸿山越墓大量原始青瓷的出土物品给人以耳目一新之感，而德清窑场的发掘也十分令人瞩目。它使研究者注意到，这对浙江地区早期瓷业的研究已有了新的切入点，对进一步了解战国以前浙江窑业的发展，会有更新的认识。当然，在这些考古发现过程中，我们对一些问题尚需加深理解和廓清，因为越是重要的考古发现，出现的新认识新观点就越多。近来，有专家学者对青瓷与原始青瓷的概念等问题有不同的理解和看法，笔者觉得有必要就此进行阐述，同时借此机会对德清窑及无锡鸿山的考古发现谈一点体会。

一　瓷器与原始青瓷的概念

瓷器在人类文明史上的一个重要意义在于：当全世界还在普遍使用陶器时，中国早已出现一种不同于陶质的特殊土质烧成的产品，这就是瓷器。从创造发明角度看，中国先于朝鲜半岛烧造瓷器达两千多年（包括商周至汉代的原始瓷的烧造），而比日本和欧洲的烧造，至少早了两千六百多年，甚至更多。但是，中国瓷器的出现和发展过程是漫长而不平衡的，从陶器到瓷器确应有一个过渡的阶段。我们该怎样认识这个阶段呢？

我们的前辈专家在研究早期瓷器时，曾经历了这样的过程，把商周到汉代那些器表施青釉或青黄釉的器物，统称为"釉陶"，以前的收藏圈也同样如此称呼。这部分器皿数量巨大，出土物分布广泛，其中以汉代制品为最。这样的"釉陶"称呼延续的时间较长，人们把这种产品看成是陶器和瓷器的过渡产品。这种过渡产品的主要特征是，粗糙而表面施一层青绿或青黄色甚至青黑色的釉，但对胎土的要求并不严格，因为它们只是釉陶而不是瓷类。20世纪中后期以后，原始青瓷的概念出现了。这种新概念出现以后，得到了学界较为一致的认同。一些权威的论著都同意这样的观点，即在陶器和瓷器烧造的中间，有一种过渡产品，这就是原始青瓷（另外还有原始黑瓷和原始素烧瓷)。

当然,现在对于原始瓷的划分还是较为粗率的,这主要体现在胎土方面,因为除了许多胎土较为细洁白晰的制品外,大量被称为原始瓷的制品胎质并不细白,但这部分制品与陶器的胎质区别还是较为明显。另外,还有一种胎体十分疏松甚至土质难以与陶器区别的制品,却因为它们器表施有青釉而和其他施釉制品一起,被人们从陶器中区分出来,成了原始青瓷,这样的制品在商周至汉代都有烧造。对于这部分制品的归属,笔者认为值得讨论,严格地说,它们不是原始瓷,而是典型的釉陶,我们不能只为了保证原始瓷这一品种的存在而把所有施青釉制品一古脑儿划入原始瓷的范畴。当然,说起来容易,真正区分起来就较难了。但我们应该认识到这一点,原始瓷不是包含这一时期施釉制品的惟一名称,除了存在原始瓷外,大量施青釉的制品依然是釉陶,因此有必要承认青釉陶这一品种的存在。

那么,原始瓷作为一个漫长历史时期的品种,它的存在是否有其合理性?这样的概念是否具有学术意义呢?

早在新石器时代晚期,就已开始烧造器表施青釉的产品。如果早期陶器到汉代的青釉制品烧造的时期内,没有一个过渡阶段的话,这一漫长历史时期烧造的青釉制品应该全部是瓷器亦即是与东汉六朝时期烧造的青瓷相同的品种了。这样的话,中国瓷器的烧造历史将会大大前推,无论是山西夏县东下冯新石器时代遗址出土的青釉标本,还是早于商代的河南偃师二里头青釉制品和上海闵行马桥地区出土的青釉和黑釉残片,以及江西鹰潭角山窑址出土的青釉制品,江西樟树吴城、营盘里、筑卫城等出土的青釉制品,都无一例外地应该称为瓷器了。如果依此类推的话,无论商周、春秋战国还是西汉烧

图一 德清火烧山窑址出土的春秋原始瓷鼎

造的青釉制品,都是瓷器了。

中国是瓷器的故乡,中国瓷器之所以能享誉世界,在相当程度上取决于它独一无二的胎质。当全世界还在普遍制作陶器时,我们的祖先开始采用白色细腻的瓷土来制作瓷器,而且在漫长的岁月里保持着一枝独秀的局面。无数外国人欣赏中国瓷器,除了不同的艺术风格对他们具有吸引力外,最主要的还是因为中国瓷器与众不同,他们的国家生产的陶器没有这样的胎土。

因此,中国瓷器被世人公认最具有独特风格的首先是在其胎质方面,其次才是制作工艺。没有细腻洁净的胎质,青釉制品难以成为青亮光洁的青瓷,白釉制品也难以成为洁白如雪的优质白瓷;没有白色的胎质,透明晶莹的瓷釉难以掩盖胎体疏松粗糙的本色。在一件瓷器上,胎质是最本质的物体组成部分,没有良好的胎体,就不可能烧成优质的瓷器,不管是青瓷、白瓷还是彩瓷。

在局部情况下,汉代以前的青釉窑场中,已烧造了不少出类拔萃的制品,它们可以与东汉以后的青瓷相媲美。但绝大多数的产品,依然无法摆脱制作草率、质地粗松的原始状态,从整体而言,其制

图二　浙江省博物馆藏战国原始瓷器座

作水平依然十分低下，产品质量低劣，缺乏艺术风格。而那些可以称得上精品的器物，其亮点或突出的方面主要是在别致的造型和精工细作的制作工艺上，很少能体现在胎质甚至釉色方面。

上海硅酸盐研究所的最新科学测试结论认为："鸿山越墓邱承墩、老虎墩出土青瓷的胎料特征是高硅低铝，符合南方瓷石的一般特征，由于对原料的选择不是很精细，所以 Fe_2O_3 的含量还相对较高……邱承墩、老虎墩所出青瓷釉则是高温透明钙灰釉，CaO 的含量很高（17%），符合我国早期原始瓷器所共有的瓷釉特征。""鸿山越墓邱承墩、老虎墩以及德清冯家山、亭子桥所出青瓷烧成温度已达 1290℃，胎体中出现了具有瓷器或原始瓷器特征的莫来石和方石英。在其他陶瓷性能方面，与东汉晚期越窑青瓷的水平相比，还有一定的差距，因此这些青瓷还应该更倾向属于原始青瓷的范畴。"[1]

另外，上海博物馆科学实验室副研究员熊樱菲女士在 2008 年 3 月用进口并经改装的能谱仪，采用"能量失散 X 荧光分析"的方法，对新发现的德清火烧山、亭子桥窑址出土青釉标本和上虞小仙坛及大园坪出土的东汉青瓷标本进行了比较性测试，测试得

出如下结果："从化学成分看（单位：%），德清窑瓷胎中的 Al_2O_3 含量均值为 16.56，K_2O 为 1.97，明显低于小仙坛、大园坪瓷胎中 Al_2O_3（均值为 17.29）和 K_2O（均值为 2.77）的含量；德清窑瓷胎中 SiO_2 均值为 76.58，相比小仙坛、大园坪瓷胎中 SiO_2（均值 75.71）稍高；同时德清窑瓷胎中 TiO_2（均值为 1.12）、CaO（均值为 0.36）等杂质含量也高于小仙坛、大园坪瓷胎中的量（TiO_2 均值为 0.34）。比较而言，小仙坛、大园坪制胎原料应该比德清窑制胎原料有更多改进。""釉：由于德清窑瓷釉很薄，影响了 XRF 分析的精度。但从目前的数据结合肉眼观察，德清窑瓷釉大部分厚薄不均，色泽青黄。与小仙坛、大园坪瓷釉比较，明显玻化不够，同时其釉 CaO 的含量明显低于小仙坛、大园坪瓷釉中的含量。"

虽然测试的只是一小部分抽样标本，不能透视其全貌，但实际情况还是较为明朗地得到了客观反映。当然，究竟如何确定鸿山和德清窑产品性质，依然是摆在我们面前的一个重要课题。

鉴于目前的研究现状和科学测定等实际情况，我们要十分重视瓷器与原始瓷、青瓷和原始青瓷之间是否有一个明显的界限，尽管这个界限有时并不十分明显，但看来还是存在的。原始青瓷是青瓷的前身，瓷器植根或脱胎于原始瓷。它的出现，经过了千百年的漫长过渡，没有这个过渡期，就不可能出现真正的瓷器。我们过去承认的原始瓷这一概念，在相当长时期内有其合理性，尽管这是研究者构想出的过渡性名称，但在一定的历史阶段，这样的定性还是较为合理的，因为瓷器是瓷，原始瓷也是瓷，只不过这中间的"原始"二字显得不那么直接，但这恰恰是客观的事实，这是一个过渡的名称。

当然，某一事物称谓的改变不会影响事物的本质，瓷器也好，原始瓷也罢，客观事实是不以人的意志为转移的。但是，从中国陶瓷发展的历史来说，我们现在认识上的不完整，会使我们的历史观（主

要是对这一段历史的整体观念）变得不完整，我们无法解释商周到汉代前后这部分施釉制品的过渡性差距。当然，对于原始青瓷的定名，确也有缺憾的方面，似乎这也不是一个最理想的完全无法更改的最后实名。这样的定名，适用于一个历史时期，但它不是永恒的。尤其是现在，随着鸿山大墓许多重要器物的出土及德清亭子桥窑址的发现，原始青瓷的概念受到越来越多的挑战，与此相适应，更改现有名称的呼声越来越高。

或许，以不变应万变，保留现有的原始青瓷之名，是我们目前应取的态度。也或许，在现阶段或未来的较长时日里，寻找一个更恰当的名称来替代原始青瓷是一种解决问题的良好选择，也不失为一种明智之举，但这需要认真的斟酌和研究。当然，这绝不是否定原始青瓷这样的冠名，而是给予它一个更适合的新名称。瓷器和原始瓷，青瓷和原始青瓷是否能划等号，还需广大专家确认。但是，学术领域存在的观点方面的矛盾，并不是不可调和的，倘若我们退一步求其次，寻找一种适当的办法，还是可以解决问题的。这种办法就是更改原始青瓷之名，冠之以更恰当的新名称。当然，前提是大多数专家学者在认识上有所统一，认为应当更改。在通常的情况下，以不改为好，如果确实需要更改，也未尝不可，如初期青瓷、未成熟期青瓷、初创过渡期青瓷、早期过渡青瓷等。也许，这里点出的名称中，有的可能会比"原始青瓷"更合适。这样，既可避免"原始青瓷"这样带有部分专家学者所认为的不成熟感和不确定性造成的别扭甚至错误，又可与专业名称更加贴近。

在这里，我们还要强调注意"釉陶"这一品种的实际存在，不管名称是否改变，或者一定要变的话如何变法，而"釉陶"始终客观存在。前面提到的那一大部分商周至汉代的普通青釉陶，确实是一批难以抛弃和割裂的产品，其名称也同样如此，不管如何改变，这些胎体粗糙的釉陶还是无法纳入瓷器的范畴，所以这一基本上已被弃用甚至尘封了许多年的名称还是应该重新被启用。当然，这会引出一个新的问题，如何来明确区分这部分产品与原始

青瓷？两者如何制定区分的标准？但这是另一个问题了。

二 关于德清窑场考古的收获

德清窑是我们熟悉的一个浙江瓷窑，但我们过去对于德清窑这一概念的认识，主要停留在黑釉瓷上，几十年来我们习惯把那些东晋时期烧造的釉面乌黑光亮的作品称为德清窑瓷器，这种产品几乎成了德清窑的代名词。尽管后来在余杭也发现了东晋烧造黑釉瓷器的瓷窑，但见到这样的作品，最先想到的还是德清。现在德清地区发现并发掘了烧造原始瓷的瓷窑，这使得过去习惯意义上的浙江原始瓷的产区进一步扩大，并使我们感觉到了新发现窑址出土的产品较以往其他地区窑场发现的相近时代产品质量有更加优化的倾向。

2007 年，浙江省文物考古研究所等机构对德清火烧山和亭子桥窑址的发掘，是近年来原始瓷业考古的重要收获。据认为，德清火烧山窑址发现的窑炉还是全国迄今发掘的最早利用山坡斜度筑窑烧制原始青瓷的窑炉，而且可能还是向成熟龙窑过渡阶段的形态，为探索成就中国瓷器辉煌的龙窑的起源提供了重要证据。这是一个重要的考古发现，对进一步认识和探索中国陶瓷窑炉的起源和发展历史具有重要的意义。同时，大量的出土青釉、黑褐釉碎片，对研究战国早期原始瓷的烧造和使用有重要作用。同时，我们过去了解的浙江原始瓷主要产地，不外乎萧山进化区、绍兴富盛等地区，主要集中在杭州以南地区，尽管在其他地区也曾发现原始瓷窑场，但德清火烧山和亭子桥原始瓷产区的发现，使浙江原始瓷及其窑业的研究更向前推进了一大步，也使探索吴越文化的器用方面有了更多可供研究的来源。

2008 年笔者在德清两次参观考察了亭子桥原始瓷窑场和大量出土的标本和窑具，虽然是走马看花，但整体的印象是，这一窑场烧造的产品在当时处于较高的水平，最突出的有两点：

（1）窑址中出土了不少胎釉质地精良的标本和窑具，有的标本胎釉细腻洁净，结合紧密，达到了很高的制作水平，甚至能够与东汉甚至以后的青瓷

相媲美。

（2）出土了一些仿青铜礼器、乐器等造型的器物标本，其中有少见的特殊物品。

虽然在此次窑场考古工作中发现的标本和窑具还不是十分多，但亭子桥窑址的收获是显而易见的，其揭示的文化内涵具有相当重要的历史意义。最有实际意义的是，亭子桥窑的烧造产品与无锡鸿山大墓的出土物有密切关系。

有关研究认为，无锡鸿山大墓出土的大批青釉制品，应是德清亭子桥一带的窑场烧造的。如果情况属实，那么对于这样的信息，不仅十分重要，其意义也不同寻常。这不仅仅是一个地区的出土文物与一个地区烧造窑场有了对号入座的机会，更重要的是，无锡鸿山大墓不是一般人物的墓葬，而是一个具有较特殊身份的重量级人物。尽管目前还未搞清墓主人的确切身份，但从出土文物的规模可见其地位的显赫。从整个墓葬出土情况看，处此高位的墓主人，其死去后的葬仪十分隆重，规格也十分高，礼器、乐器等各种陪葬用品应有尽有，以前的春秋战国墓葬中从未发现过如此丰富的瓷质随葬品。因此可以看出，为这位墓主人操办身后之事的人们，在为其准备过程中，显然是十分用心的。同时可以想象，墓主人一定是一个权高位重的王侯级显贵人物。但是，这批用于陪葬的器物，尽管在丧葬礼仪等级上属于出类拔萃或者说是第一流的，但还是无法肯定这批器物在胎釉等质量方面超越了同时期的其他原始青瓷。

从新发现的德清窑窑场和出土情况看，当时的德清窑场是有很大烧造规模的，至少，在周边地区有较大的影响。同时，我们现在如果可确认无锡鸿山大墓出土的原始瓷是德清窑烧造的话，那么可以进一步肯定德清窑是当时浙江地区原始瓷烧造的一个十分重要的窑场，这里曾承担了十分重要的包括官方用器在内的广泛烧造任务。战国时期，浙江窑业发达，可供选择的窑场远远不止一两处，像为鸿山大墓墓主人这样地位显赫的人物准备葬仪物品，选中德清窑产品为其陪葬，说明这一窑场在当时一定负有盛名。当然，德清地处浙江北部，从无锡到这里，德清窑场的距离比宁绍平原其他窑场更近些，这或许也是选择在当地定烧的原因之一。

三　早期瓷质礼乐器与鸿山出土物

中国古代的礼器制度源远流长，我们现在能见到大量夏、商、周乃至秦汉时期的青铜、玉质的出土和传世礼器，均是研究古代礼器制度的重要实物依据。许多年来，这方面的研究取得了十分丰硕的成果，一部较完整的先秦礼器制度史早已呈现在世人面前。但对于瓷质礼器，尤其是早期瓷质礼器的制作、应用等方面[2]，我们实际上还是很少研究，也没有取得多少进展。诚然，在研究古代礼器制度（尤其是在青铜时代）方面，瓷质礼器似乎只是一种辅助性或是处于边缘化的器用类型，由于历史文献的乏记和实物的稀少，我们对此几乎一无所知。

但实际上，在对相关史料的解读中，我们还是可领悟到瓷质礼器可能在先秦时期的应用，如周礼中提到的"器用陶匏"，可能包含着瓷质礼器，尽管文献中未出现"瓷"字。

《礼记注疏》云："郊特牲：扫地而祭，于其质也，器用陶匏，以象天地之性也。注：观天下之物，无可以称其德，音义（称尺证反）。于郊故谓之郊牲，用骍尚赤也，用犊贵诚也……正义曰：燔柴在坛，正祭于地，故云扫地而祭。陶谓瓦器，谓酒尊及豆、簋之属。故周礼旅人为簋，匏谓酒爵，此等已具解于上。"[3]

《仪礼图》谓："器用陶匏，尚礼然也。三王作牢用陶匏，此谓大古之礼器也……疏曰：共牢之时，俎以外其器但用陶匏而已。"[4]

《周礼订义》曰："尧舜饭土，塯啜铏羹者，以天地宗庙之奉，不过陶匏之器，后世天地宗庙之器，未之有改。"[5]

从文献看，古人记叙着陶质礼器在当时的广泛应用，流传有绪，甚至在历代都有这样的记载，透过这一层，我们似乎看到了瓷质礼器在当时也有实际应用。先秦礼器制度不仅在当时有规范化的流行，而且对后世也产生了深远的影响，被奉为祖制。但古时陶与瓷的区分，不是十分明确，"器用陶匏"之陶，仅仅是广义上的名称，在原始青瓷大量流行的年代，人们用陶或原始青瓷作为礼器制作并同时应用，应不会是奇怪的事，无论是君王还是贵族，一定不会拒绝使用比普通陶器更为精美的青釉制品作为礼器。在有条件使用这种物品的地区，上层社会或贵族集团必然会对此有所选择。当然，由于世人使用"磁"或"瓷"字的时间较晚，所以先秦文献不出现瓷质礼器的内容是十分自然的。

因此，从实际的情况考虑，文献没有明确记载，绝不能否定当时没有瓷质礼器，传世和出土的许多原始青瓷器皿可以证明其为当时的礼器。其中最典型最有代表性的是无锡鸿山出土的这部分青釉制品，因为它们是一个基本完备的整体。据鸿山越墓考古专家研究统计，"仿中原系统的礼器有盖鼎、盖豆、壶、盆、盘、鉴、匜、盉等，基本组合为鼎、豆、壶"，"越系统的礼器有越式鼎，包括盆形鼎、献形鼎和兽面鼎……常见的礼器还有罐、筒形罐、盆、盘、碗、鸟形钮盖钵、角形器、璧形器等。而温酒器、冰酒器、吊釜和沥水器、扁腹壶、圈足炉盘、长方形炙炉、虎子、琉璃釉盘蛇玲珑球形器等，都是新发现的越国礼器"[6]。

鸿山越墓出土的原始瓷礼器，具有数量多、品种丰富和质量高等诸多优势。这部分器物的发现，有力地证明了先秦时期瓷质礼器已十分自然地应用于官方丧葬及祭祀等礼仪。古人所说的"器用陶匏"之"陶"，完全可以包含瓷质礼器。现今传世及出土的先秦瓷质礼器，是"器用陶匏"规制内容中十分重要的组成部分，也是反映先秦礼器制度的重要物证。

鸿山越墓出土原始瓷乐器同样令人瞩目，"仿中原系统的乐器有甬钟、镈和编磬，越系统的乐器有句鑃、錞于、丁宁、振铎、三足缶、悬鼓铃"[7]。这批乐器最大的特点是保持着很大的完整性，是历来出土原始瓷乐器中最集中最丰富的品种，它为进一步研究先秦时期瓷质乐器提供了完整的实物资料。人们早已看到，青铜乐器不是那个时期乐器的全部，但以前瓷质乐器的出土多是孤单影只，对古人的乐器使用方面，难以使人产生像曾侯乙墓青铜编钟那样成套乐器场面气势恢弘的联想，甚至很难想像是否会有稍具规模的成套乐器出土。现在，人们在零星了解原始瓷乐器以后，见识到了它的整体。

在这里，通过了解德清窑址的考古发掘品与鸿山越墓出土如此之多的原始青瓷礼器和乐器，我们是否可以这样认为，在青铜时代的衰落时期，原始青瓷已成为江浙乃至南方许多地区贵族和上层社会使用礼乐器的主要替代品？

十分耐人寻味的是，德清原始青瓷窑址考古发掘与鸿山越墓出土物，竟有如此相似的风格，看起来似乎有某种暗合的机遇在中间，但事实上，它不是巧合，而是一种必然的结果。

德清原始青瓷窑址的物品显示，鸿山越国贵族墓葬中出土的大部分原始瓷礼乐器，如作为礼器的鼎、豆、盆、罐、瓿、提梁壶以及作为乐器的甬钟、句鑃、錞于、铃和鼓座等，均已在这里找到相似的标本，有关专家已初步肯定德清原始瓷窑群就是这批产品的产地。可以认为，鸿山这部分制品的出土不仅仅是原始瓷考古的重大发现，也是先秦时期瓷质礼乐器的整体发现，它填补了一个历史的空白。而德清原始瓷窑场的发现和发掘，则为鸿山考古成就锦上添花，最重要的是，它可能是其直接的源头。

注释

[1] 吴隽等：《无锡鸿山越墓出土青瓷的分析研究》，《鸿山越墓发掘报告》附录二，文物出版社，2007年。

[2] 瓷礼器还是原始瓷礼器，仍有待明确，这里为叙述方便，姑直接称之。

[3] 《礼记注疏》卷二十六，郑玄注，陆德明音义，孔颖达疏。

[4] [宋]杨复：《仪礼图》卷二。

[5] [宋]王与之：《周礼订义》卷八十。

[6][7]张敏：《鸿山越墓出土礼器概说》，《鸿山越墓出土礼器》，文物出版社，2007年。

河南地区出土原始瓷的初步研究

孙新民（河南省文物考古研究所 450000）

孙　锦（河南省古代建筑保护研究所 450002）

【摘要】本文对河南地区出土的夏商周原始瓷作了整理，并对其用途与产地进行了探讨。这些原始瓷是当时一种使用价值很高的珍贵器物，其烧造地可能在北方地区。

【关键词】河南　原始瓷　用途　产地

原始瓷是指中国瓷器创制之后的初级阶段的瓷器，约出现于公元前18世纪的夏代晚期。它是在长期烧制白陶和印纹硬陶的基础上，不断改进瓷土原料的选择与处理，提高烧成温度和改进器表施釉等工艺中创造出来的。原始瓷的创烧与使用，是中国陶瓷器发展史上的一个里程碑，它揭开了中国瓷器发展的序幕。

原始瓷与白陶及印纹硬陶相比，具有坚硬耐用、形制美观和器表有釉不易污染等优点。因此一经问世便被奴隶主贵族所享用，并得以广泛传播。据目前掌握的考古材料，原始瓷在我国南、北方均有出土，其中北方地区主要见于黄河中下游的河南、陕西、山西和山东，南方地区主要见于长江下游的江西、江苏、安徽和浙江。大体说来，原始瓷在夏代和商代前期多见于北方地区；商代后期至西周中期，南北方均见；西周后期至战国时期，南方地区达到了鼎盛，而北方地区基本绝迹。河南地处中原，是北方地区出土商周原始瓷较多的省份之一，目前已在郑州商城、安阳殷墟等都城遗址和洛阳北窑、鹿邑太清宫等西周墓葬中发现有不少原始瓷，显示出当时河南地区优越的地理环境和先进的陶瓷手工业水平。

一　河南地区原始瓷的发现

（一）夏商时期

公元前2070年，中原出现的夏王朝揭开了中国历史的新篇章。尽管对于夏文化还需要进一步探讨，考古学界对于夏文化的认识还不尽一致，但偃师二里头文化为夏文化已是多数学者的共识，偃师二里头遗址是夏代晚期的都城遗址也不容置疑。2002年在偃师二里头遗址发掘中于第二期文化1座贵族墓发现一件盂形器，其器表涂有一层薄薄的青绿釉[1]。这是目前考古发现的年代最早的1件原始瓷，把中国出现原始瓷的时间提前到了约公元前18世纪。

继夏而起的是商王朝，商代原始瓷的分布范围逐渐扩大，在黄河流域中下游和长江流域中下游都有发现。就河南而言，商代前期原始瓷主要出土于郑州商城、偃师商城遗址和郑州小双桥遗址，商代后期则见于安阳殷墟和辉县琉璃阁等地的遗址和墓葬。

郑州商城原始

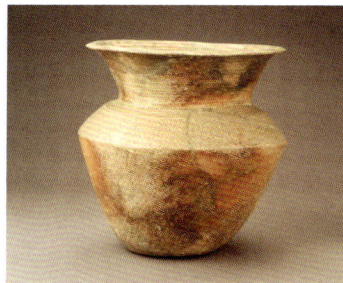

图一　原始瓷尊　郑州商城出土

图二　原始瓷簋　平顶山应国墓地出土

图三　原始瓷尊　鹿邑太清宫长子口墓出土

瓷的基本特征是：胎质坚硬细腻，颜色多呈灰白色或棕白色；器表施釉多呈豆青绿色，釉下所施纹样有弦纹、旋纹、篮纹、方格纹和席纹等；器型以敞口、折颈、圜底的尊类器较多，并有一些罍和罐类器。郑州商城出土的原始瓷尊，可分折肩深腹尊和折肩浅腹尊二种。由于这些原始瓷的瓷土胎质耐火温度高，胎质烧结较好而坚硬，多数击之都可发出清脆的瓷器声或金石声[2]。

郑州小双桥遗址出土的原始瓷片较多，能够复原者仅有几件尊类器[3]。多为青灰胎，外施青绿或青灰釉，器表多饰小方格纹，个别器表发现变形云雷纹，器型有大口尊和高领瓮等。

商代后期的原始瓷，以安阳殷墟为代表。这里的原始瓷数量并不是很多，主要见于第四期即殷王帝乙、帝辛时代的居住遗址和墓葬内。胎体较厚，多呈灰白色。制法主要有轮制和泥条盘筑法两种，而以泥条盘筑法为多见。釉色多呈深浅不同的绿色，有淡绿、黄绿、深绿色等，釉面多数均匀光亮，有些有流釉现象。器型有豆、罐、壶、瓿形器和器盖等，与同时期的陶器造型完全一致[4]。

在辉县琉璃阁两座商代晚期墓葬中，也曾出土有一些原始瓷残片。其中151号墓内出土1件罍形器，小口，折肩，肩部饰弦纹和附加堆纹；233号墓出土1件罐，大口，圜底，器表饰小方格纹。胎质皆呈淡灰色，硬度很高，并施有极薄的青灰色釉[5]。

（二）西周春秋时期

西周时期的原始瓷，在河南的出土数量明显比商代多，主要见于鹿邑县太清宫、洛阳市北窑、浚县辛村、襄城县霍村西周墓和平顶山应国墓地。西周时期原始瓷的特征是：胎质多呈灰白色，器表以素面较多，并有一些方格纹、篮纹、云雷纹、乳钉纹、弦纹、锯齿纹、划纹等装饰，釉为深绿、青绿和灰绿色。原始瓷的形制以豆类器最多，并有一些圈足簋、圈足罍、大口折肩尊、小口瓮、罐和瓶等。

鹿邑太清宫西周墓是很少几座保存完整的大型贵族墓之一，墓主人为长子口，其时代为西周初年。该墓发掘于1997年，出土的原始瓷计有尊、瓮各1和豆10件。胎呈灰白色，胎质坚硬、细腻。大多器物内外皆施釉，个别底部不施釉，釉呈淡青色或青绿色。施釉均匀，釉色明亮，个别有聚釉现象。釉下均有花纹，主要有弦纹、篮纹和方格纹三种[6]。

洛阳北窑西周墓发掘于1964—1966年，计清理348座西周墓和7座车马坑，为我国西周历史与考古研究提供了珍贵的实物资料。洛阳北窑西周墓地中，出土数量众多的原始瓷，其中以碎片为多。这些原始瓷的残片能辨别器型者有398件，可以基本成形复原的有224件。器型有豆、豆盖、罍、尊、瓶、簋、瓮、罐、匜、碟等十余种，数量多，种类全，这就为我们认识北方西周原始瓷提供了相当重要的标本[7]。

这批原始瓷表面施有一层极薄的釉，一般呈青色或草绿色，其主要成分经化验含有11%～18%的CaO，确定为石灰釉。瓷胎经化验分析，其化学成分主要有 72% ～ 77% 的 SiO_2 和 16.25% ～ 18.65% 的 Al_2O_3，表明原料不是陶土而是瓷土；胎中含杂质减少，其中 Fe_2O_3 已减少到 2% 以下，因而胎的颜色已呈灰白色。胎细密坚硬，已达到烧结程度，胎中颗粒石英的边缘已被熔蚀，出现了较多的玻璃相，还有莫来石的存在，烧成温度已达 1100℃ ～ 1200℃以上，其吸水性极弱，吸水率减少到 10% ～ 1% 以下，这些已基本上接近现代瓷器的标准。由此可见，三千年前的西周时期，中国的原始瓷的烧制已达到了相当高的水平。

浚县辛村西周墓中出土的原始瓷，数量较多，但能够复原者较少，其中能够看出器形的以豆类器为主，还有一些罍、瓮、尊和器盖。胎质多呈灰白色，器表除素面较多外，并有饰印方格纹、云雷纹、三角纹和弦纹。釉呈黄绿色或青绿色，胎釉结合紧密，具有代表性的器型有浅盘或深盘豆、小口广肩鼓腹瓮、敛口折肩深腹罍和覆于深盘豆之上的器盖等[8]。

春秋时期，河南地区出土的原始瓷明显减少，仅见于固始县侯古堆一号墓。固始县侯古堆一号墓发掘于 1978 年，墓内随葬有 9 鼎及 1 套编钟和 1 套编镈等青铜礼器，其中青铜簠铭文提及宋景公嫁其妹的史实，墓主人很可能是春秋时期宋景公之妹、吴国贵夫人。该墓出土有原始瓷杯 3 件，施釉较薄，制作精巧[9]。

二　原始瓷的用途与产地

（一）原始瓷的用途

河南已经发现的原始瓷，皆出土于夏商时期的都城遗址和商周时期的贵族墓葬。据此可以看出，原始瓷在当时是被作为一种使用价值很高的珍贵器物看待的。如洛阳北窑西周墓出土的原始瓷，有的在使用时还要装入嵌有蚌泡饰的漆器内；甚至当原始瓷豆的豆柄折断后，还将豆盘底部经过修整，装入嵌有蚌饰的木漆豆托继续使用[10]。在当时来说，原始瓷的出现是一项重要的创造发明，它比陶器有着更多的优越性，表面美观光滑，又可以盛放流汁的食物，是一种实用价值很高的工艺品。因此，夏商周时期的原始瓷与当时的瓷器和玉器一样，也多是被奴隶主和贵族们占有

和享用着。他们不仅在生前较多地使用，而且死后还把较多的原始瓷随葬于墓内。从郑州商城原始瓷和瓷片出土数量看，只占当时陶瓷器总数的 0.03% 左右，表明原始瓷在当时的河南来说数量还是比较少的。正是因为数量少，得之不易，所以就被人们作为一种特别贵重的器物来看待。

（二）原始瓷产地的争论

关于河南夏商周时期原始瓷的产地问题，在学术界尚没有形成统一的意见。一种认为河南出土的原始瓷是当地烧造的，另一种则认为是由南方运来的。早在 20 世纪 60 年代初，中国科学院上海硅酸盐研究所周仁等在测试了陕西张家坡西周居住遗址陶瓷碎片后，从化学成分的角度指出，西周时期北方原始瓷与南方吴越地区的原始瓷非常接近，首先提出张家坡出土的青釉器的烧造地区可能在南方；中国社会科学院考古研究所夏鼐则从二者形制和装饰上的相似性，推测它们可能是南方烧造的[11]。河南省文物考古研究所安金槐则持相反的观点，他认为在郑州、洛阳等地发现了烧坏的原始瓷残片，而当时绝不可能从南方运输残次品到北方来，河南出土的原始瓷就是在当地烧造的[12]。到了 20 世纪 90 年代，随着考古发掘品的积累，科学测试技术的进步和分析研究方法的创新，原始瓷产地的研究又有了新进展。中国科学院上海硅酸盐研究所罗宏杰等根据南北方出土原始瓷的化学组成、工艺基础以及它们与陶瓷器的发展关系、再结合原始瓷的出土情况，得出北方出土的原始瓷应是南方烧造的结论[13]。北京大学考古文博学院陈铁梅等分析了郑州商城、湖北黄陂盘龙城、江西清江吴城等遗址陶瓷中的微量、痕量，以及常量元素组成，认为吴城及其邻近地区可能是原始瓷的生产中心；同时应区别批量生产原始瓷的地区与试图生产、甚至成功生产了少量原始瓷的个别地点，即并不排除北方个别地方生产原始瓷的可能性[14]。

李家治主编的《中国科学技术史·陶瓷卷》，被称之为《中国陶瓷史》的姐妹篇，它着重阐述了中国古代名窑的化学组成、形成机理与烧制工艺，为世人展示了长达万年的中国陶瓷从产生到鼎盛的发

展历程。在该书第三章论及原始瓷的产地时，否定了北方地区生产原始瓷的可能性："根据上述南北方出土的原始瓷的化学组成和所用原料烧制工艺以及出土情况，在目前所能占有的数据的基础上，认为北方出土的原始瓷是在南方烧制的似乎更为可信。"[15] 20 世纪 90 年代上海马桥遗址的考古发掘，似乎更加奠定了原始瓷的起源地是在南方地区。马桥文化的原始瓷只有罐和豆两种器型。罐类器，均施釉于器外；豆类器，多数施釉于豆盘内，豆盘外不施釉。对于马桥文化原始瓷，发掘者曾选择了 4 个标本进行科学测试，其中"标本 1—标本 3 属于马桥文化第 3 段和第 4 段，标本 4 出自 II T203，是第 3 段最早的单位之一，年代可到夏商之际。从年代上看，马桥文化的原始瓷同其他地区的原始瓷年代相当，甚至略早……从印纹软陶、硬陶发展到施涂层硬陶，最后发明施釉原始瓷的发展脉络十分清晰"。发掘者提出："我们将浙南闽北地区认定为原始瓷的起源地。由于肩头弄的部分遗存年代早于吴城，而且两地相距不远，在原始瓷的起源和生产上无疑应该有某种内在的联系……这样，就把原始瓷的发源地和商代原始瓷的生产中心连成一片——浙南闽北和赣北地区。"[16]

（三）北方地区可能生产原始瓷

北方地区也可能生产原始瓷，我们基于以下三点理由：

其一，北方地区出土的原始瓷年代最早。根据目前已知的考古资料，最早的原始瓷是河南偃师二里头文化遗址发现的 1 件盉形器。该器长流平底，胎骨为青灰色，质地致密，硬度较大，吸水性强。器表施青绿色釉，器身印有弦纹和云雷纹，经中子活化分析显示胎土成分与白陶相近。另外，梁中和在《山东地区原始瓷的发现与研究》一文中，曾提到在山西夏县东下冯二里头文化遗址中也出土有最早的原始瓷残片[17]。

其二，河南地区商代原始瓷尊与陶尊器型相似。在河南郑州商城、偃师商城和郑州小双桥遗址中，已发现的商代早、中期原始瓷，以大口尊数量最多。其中，郑州商城二里岗上层一期出土比较完整的原

图四　原始瓷罍　洛阳北窑西周墓出土

图五　原始瓷簋　洛阳北窑西周墓出土

图六　原始瓷尊　郑州小双桥遗址出土

始瓷尊 4 件，2 件为长颈折肩深腹，2 件为短颈折肩浅腹[18]。短颈折肩浅腹的 2 件尊均出自郑州南关外，与该地同为二里岗上层一期的敞口宽斜沿陶尊[19]器型类同，而该陶尊又是从南关外二里岗下层二期出土的陶尊[20]发展而来，表明原始瓷尊是模仿了当地陶尊烧制而成。

其三，从考古发现来看，除郑州商城有烧坏的原始瓷片外，在郑州小双桥遗址和安阳殷墟也有类似的情况。其中，郑州小双桥遗址中有 1 件可复原的大口尊，尊腹部严重变形，并粘连有很大 1 块窑壁类残块。安阳殷墟的王裕口遗址发现较多的原始瓷片，其中有 6 片是烧坏的废品[21]。上述 3 处遗址均出土烧结损坏的商代原始瓷，显然不可能是由南方地区长途跋涉运来的，应该在北方地区也有它的烧造地。

目前已有的科学测试成果，原始瓷的产地——南方说似乎略占上风，但并没有得出令人信服的最后结论，可谓仁者见仁，智者见智。应该说，中国南、北地区的瓷土是有明显差异的，只是目前用于测试的标本还太少，积累的各种数据尚有限。据知又有中国科学技术大学和中国科学院研究生院科技考古系等单位加入到科学分析与测试的行列，相信随着考古资料的新发现和科学测试的精细化，夏商周原始瓷的产地问题将会取得更新的成果。

注 释

[1] 中国社会科学院考古研究所二里头工作队发掘资料；孙新民主编：《中国出土瓷器全集·河南卷》，科学出版社，2008 年，第 1 页。

[2] 河南省文物考古研究所：《郑州商城》中册，文物出版社，2001 年，第 790-793 页。

[3] 河南省文物考古研究所等：《1995 年郑州小双桥遗址的发掘》，《华夏考古》1996 年第 3 期。

[4][21] 中国社会科学院考古研究所：《殷墟的发现与研究》，科学出版社，1994 年，第 238-240 页。

[5] 中国科学院考古研究所：《辉县发掘报告》，科学出版社，1956 年，第 23 页。

[6] 河南省文物考古研究所、周口市文化局：《鹿邑太清宫长子口墓》，中州古籍出版社，2000 年，第 54-56 页。

[7] 洛阳市文物工作队：《洛阳北窑西周墓》，文物出版社，1999 年，第 371-372 页。

[8] 中国科学院考古研究所：《浚县辛村》，科学出版社，1964 年，第 63 页。

[9] 河南省文物考古研究所：《固始县侯古堆春秋墓》，大象出版社，2004 年，第 98 页。

[10] 张剑：《洛阳西周原始瓷的探讨》，《景德镇陶瓷》1984 年第 26 卷第 2 期。

[11] 周仁、李家治等：《张家坡西周居住遗址陶器碎片的研究》，《考古》1960 年第 9 期。

[12] 安金槐：《谈谈郑州商代瓷器的几个问题》，《文物》1960 年第 8-9 期。

[13] 罗宏杰、李家治等：《北方出土原始瓷烧造地区的研究》，《硅酸盐学报》1996 年第 24 卷第 3 期。

[14] 陈铁梅等：《中子化学分析对商时期原始瓷产地的研究》，《考古》1997 年第 7 期。

[15] 李家治主编：《中国科学技术史·陶瓷卷》，科学出版社，1998 年，第 112 页。

[16] 上海市文物管理委员会：《马桥——1993～1997 年发掘报告》，上海书画出版社，2002 年，第 398-399 页。

[17] 《瓷器的诞生——原始瓷》，山口县立萩美术馆、浦上纪念馆，2000 年，第 10 页。

[18] 河南省文物考古研究所：《郑州商城——一九五三～一九八五年考古发掘报告》下册，图版二○八，文物出版社，2001 年。

[19] 同 [18]，图版一九五，3。

[20] 同 [18]，图版一三一，5。

论晋室南渡对上虞窑业的影响

马志坚（上虞市文物管理所　312300）

【摘要】 上虞窑业在东汉创烧出成熟青瓷后，至三国西晋时期发展迅速，然而东晋、南朝时期却突然衰落下来。除了战争、饥荒等外，本文认为伴随晋室南迁而来的北方豪族占山固泽，以及残酷的赋税、徭役制度，是上虞窑业突然中衰的深层次原因。

【关键词】 上虞窑业　衰落　原因

讨论晋室南渡对上虞窑业的影响，首先需要对之前的东汉、三国、西晋窑业作一个回顾。

上虞窑业在东汉创烧出成熟青瓷后，发展之迅速令人诧异，至三国西晋曹娥江两岸窑烟四起，炉火熊熊，一举成为青瓷生产和技术传播中心，已为国内外同行所一致认同。这一时期上虞窑业兴盛的标志主要有：

1. 窑址数量多，生产规模大

据最新的统计，上虞境内已发现的东汉窑址有54处，三国西晋达57处[1]。

东汉窑址分布比较密集的主要在梁湖镇的拗花山村、沿山村、倪刘村、华山村、白鹤湾村、柴岙村，上浦镇的凌湖村、石浦村、庙基湾村、夏家埠村、王家汇村、大湖岙村、冯浦村、渔家渡村等地。

三国、西晋窑址分布比较密集的有上浦镇的石浦村、昆仑村、夏家埠村、姥山村、大善村、甲仗村、梅坞村、陶岙村、小坞村、董家山村，梁湖镇的倪刘村、潘窑村、横山头村、拗花山村、华山村、华光村、罗岭村、西华窑村、南穴村，驿亭镇的横塘村、黄倪严村、杨溪村、冯家村、岭下王村等地。

这些窑址分布往往具有以下两个特征：一是分布范围广，碎片堆积丰，具有明显的区域性。如分布在上浦镇的东汉区块性窑址有石浦村的环四峰山窑场，其有龙池庙后山、小仙坛、小陆岙、大园坪4个区块，环大湖岙的有八田头山、官山、老坟山、马面山、馒头山、捣臼窝、火棚山、苹果山、五碗头山等9处东汉窑场。分布在梁湖镇环皂李湖沿线的，分别有倪刘庙山、保驾山、大多居山、多居山、朱家山、老鼠山、祝家山、加工场山、潘窑庵山等三国、西晋时期窑场，此外还有环大尖顶山窑场和上浦的凌湖片区等。二是烧造延续的时间长。许多窑场都跨代烧瓷，其中又以三国至西晋连烧为数最多。如夏家埠帐子山窑场自汉代始烧以来，经三国、晋、唐、五代一直延续至宋。甲仗片区许多窑场也有部分存在汉、三国、晋直到五代仍在烧窑的情况。

许多墓葬考古资料也同样表明，当时这里青瓷生产的规模和产量是非常可观的。如上虞梁湖南穴村狗尾巴山的一座"天纪元年"（277）小型墓葬中，就出土了随葬青瓷器10余件，从一个侧面反映了上虞烧瓷产量的巨大[2]。20世纪50年代以来，在六朝故都南京及周边地区出土的量多、质好的青瓷器也多为上虞生产，这已为这一地区出土带有"上虞"字样铭文的

图一　2006年尼姑婆山窑址发掘的龙窑

图二　尼姑婆山窑址出土的窑具

青瓷器所证明[3]。上虞的谢胜[4]、袁宜[5]、范休可[6]等应是当时汉晋时期的制瓷名家。

2.产品种类繁多，花样叠出

常见的器型有：（1）饮食器具类有碗、盘、碟、樽、槅、坩、钵、鸡头壶、勺、魁、耳杯等。（2）盛贮器类有盆、罂、罐、泡菜坛等。（3）卫生器类有唾壶、虎子、洗、熏炉等。（4）陈设器文具类有狮形器、羊形器、象形器、兔形水丞、砚滴、砚台等。（5）明器类有五管瓶、堆塑罐、人物俑、鸡舍、猪圈、狗圈、舂、磨、碓、米筛、粮仓、鬼灶等。几乎涵盖生活的方方面面。许多器物不仅实用，而且美观，如上浦帐子山出土的兔形砚滴、顶罐俑、西

晋墓出土的力士俑、鸽形魁等。2006年秋，浙江省文物考古研究所会同上虞市文管所在上浦尼姑婆山三国西晋窑址（图一、二）进行抢救性发掘，出土了一批以前极为罕见的象生瓷器物（图三），不但有常见的鸡头罐、狮形器、兔形水丞，还有虎头罐、牛头罐、马头罐、鹿头罐、象形水丞等，无不写实逼真，妙趣横生[7]。

3.装饰技艺高超出新，纹式丰富多样

东汉的成熟瓷由于刚刚从原始瓷中脱胎而来，其装饰手法不免带有旧时烙印，装饰多为麻布纹、方格纹、窗棂纹、杉叶纹、三角形纹等几何状纹饰和在器身划水波纹、弦纹，器腹印贴铺首，堆塑简单

图三　尼姑婆山窑址出土的象生瓷片标本

的人物、动物，其手法不外乎拍印、刻划和贴印，纹样呆板，堆塑粗陋，缺乏艺术感染力。

而到了三国、西晋，器物造型丰富多姿，装饰技法和纹样犹如百花吐艳，呈现出一片新气象。这一时期创新的技法和纹样主要有：（1）压印。代表性纹样为网格带纹，常见于碗、钵、罐的肩腹部，制作方法是先做好一个可以滚动的圆柱形模具，上刻网格纹，在坯体处在半干半湿的时候，转动陶车使其快速旋转，然后用该模具在坯体的特定部位上轻轻按压，坯件转动一周后便形成一条清晰的带状网格纹。（2）戳印。代表性纹样为联珠纹，这种纹饰常见于罐、壶等器物的肩腹部，有的往往和网格带纹组合出现。制作方法是用一根直径5毫米左右的齿口圆管，在半干半湿的器身上垂直轻轻戳印，形成状如圆珠的印纹，由于这种珠纹多排列成串状，故名联珠纹。（3）点彩。所谓点彩就是把含铁量比较高的颜料点饰在器物的表面，烧成后即呈现出黑褐色釉彩斑纹，与瓷器的青釉形成对比，交相辉映。

这里需要特别指出的是，范印虽为早先传下来的技法，但从技术上来说，这一时期的范印难度更加高。东汉的范印一般只印一些铺首、叶脉纹等简单的纹样，由于刻范技艺不精，印不出高清晰的纹样。而到了三国、西晋情况就大不一样，不但原先铺首等简单的纹样异常清晰，而且还能印狮形器等难度较大的器物。20世纪70年代，上虞市文物工作者在皂湖公社宋家山晋代瓷窑遗址发现了一件制作

狮形器的陶范，由此可知当时狮形器成型是窑工先用坯泥在这个范上分别压印出器身左右两半，然后粘合而成。上虞尼姑婆山出土的范印佛像、樽足上的兽头，不但清晰精致，而且具有高浮雕的效果（图四）。捏塑的人物、动物等也一改以往呆滞死板的神情，做得活灵活现，传神逼真。另外上面提到的力士俑、顶罐俑和堆塑罐上的胡俑及明器中的猪、狗、鸽子等都是很好的例证。

然而，让人不可思议的是上虞窑业正欣欣向荣如日中天之时，至"永嘉"后兴旺的窑业却开始下滑衰落，乃至于几乎绝烧。这种颓势主要表现在：

1. 生产规模急剧萎缩

目前发现的东晋、南朝窑址一共只有18处[8]，而且呈现出愈往后窑址数量愈稀少的趋势。

2. 产品品种减少，质量下降

此前产品五花八门，涵盖多个门类，品种多达5大类至少30余个品种。这还不包括有的产品同个品种中的多种款式，例如：罐可分6型，常见的有圆唇短颈、低颈，平唇高颈、直口，盘口斜肩、盘口束颈等几种，如果再加上虎头、牛头、马头、鹿头等装饰，那么罐样式就更为繁多了。碗的款式也可分9型，就口沿来说有尖唇和圆唇的侈口、敛口、直口碗等。钵分7型，常见的有圆唇侈口、敛口，平唇方口，尖唇侈口等。此外还有不同腹式的款式，限于篇幅在此不再细列。而东晋以后不但明器类器物基本消失，而且别的品种也大为缩水。比

如碗这种大众产品这时常见的只有直口深腹和直口深浅腹两种，罐常见的也只有直口、短颈、深弧腹和直口、斜腹两种。质量下降主要表现在釉色的退变。三国、西晋的瓷器釉色真正达到了"千峰翠色"的效果，而东晋以后釉大多偏黄，与此前的光亮青绿、青翠之色相去甚远。虽在东晋初期个别产品釉色尚留有前朝余韵，但总体不及以前已成定局。

3. 装饰手法趋简

这一时期不但象生瓷如百花凋零，再也无法看到此前生动活泼的群体气象，而且，佛教题材的装饰也一改原先高浮雕质感的范印而简化为以刻划符号性的莲花替代，刻划也非常粗枝大叶，简直与东晋南朝之崇佛精神背道而驰。另外，点彩虽说是这一时期的流行纹饰，曾经被业内人士视作技术进步的标志，殊不知不但点彩这种工艺创新使用是在前朝，而此时大范围流行正好是说明釉色退变的极妙注解。以前因为瓷器釉色青亮翠绿，浑身透出一种雅致、高洁、明朗的气韵，非常符合"古瓷尚青"的审美习惯。那时点彩这一工艺虽然已经出现，但人们并不很当一回事。可到了东晋以后，点彩装饰却越来越流行，由初期蜻蜓点水式的寥寥几点，发展到后来的密密麻麻，有的几乎掩盖釉面成为主色调。因此，点彩的大量应用，是瓷器装饰上黔驴技穷的表现，不应作为我们称道的理由。

说到东晋、南朝上虞窑衰落的原因，以前许多业内人士虽也认为是晋室南迁后造成的，但究其原因多归结于战争、饥荒重创和明器停烧。我认为这个说法没有点到要害。诚然，晋室南渡，的确发生了"王敦之乱"、"苏峻之乱"、"孙恩起义"及后朝的"侯景之乱"等，特别是在"孙恩起义"和"侯景之乱"过后，会稽一带确实接连出现饥荒，所有这些也的确给生产力造成较为严重破坏。

但是，战争、饥荒毕竟只是窑业衰落的其中一个原因，而且不会是长时间起决定作用的原因，因为历朝历代战争和饥荒一般都难以避免。汉末天下大乱，孙吴征剿"山越"，吴晋政权交替等都免不了会有战争。然为什么汉末、三国、西晋上虞窑业不但没有影响，反而有如此大踏步的发展呢？饥荒也一

1

2

3

4

图四　尼姑婆山窑址出土的樽及局部

样，不管它暴发得何等严重，以至于"人相食"，也不会在长达 3 个世纪的时间中起作用。至于明器停烧虽说可以失去一部分市场，但上虞窑业烧制青瓷明器终究不是大宗。因此，明器停烧对青瓷产销市场的基本面不会有多少改变。

使上虞窑业突然中衰并长时间翻不了身，一定还有隐藏着的起着决定作用的更深层次原因。那么，这个深层次原因究竟是什么呢？我认为主要有以下三点：

1. 晋室南迁外来世族进驻上虞，土著庄园主受到严重挤压

"永嘉之乱"后，黄河流域陷入一片混乱，北方豪族看好江东稳定富庶的形势，纷纷南迁，东晋侨姓王、谢、庾、桓四大家族，除桓氏外均有外族人进入会稽。当时剡江至上虞江（今曹娥江）流域地方势力非常薄弱，于是这一带外族侵蚀的就比较严重。实际上，上虞在东汉时期人物辈出，王充、魏伯阳、綦毋俊、朱隽、魏朗、孟尝等不仅是当地大族，同时也是官居刺史、郡守、将军一级正史有传的朝廷重量级人物，平心而论当时地方势力是比较强大的。但到六朝时却让流寓于此的北方名士占了风头，究其初始原因，这和孙吴政权经营江东之初上虞有头有脸的地方势力没有积极主动配合有很大关系。上虞人站错了队伍，自然不会有好果子吃。因此，孙氏站稳脚跟后，就对上虞的地方势力进行了毁灭性的打击 [9]。这个空档正好让南下的北方世族来填补。这时候琅邪王氏、陈郡阳夏谢氏和泥阳（今陕西省耀县东南）傅氏等趁机纷纷落脚始宁（今上虞南乡，下同）、上虞。据明代谢敏行钞本始宁《东山志》和《上虞盖东谢氏族谱》记载 [10]，两晋之际，谢衡就渡江寓居于始宁东山，此后子孙世居始宁、上虞等地，谢安父兄还先后任过剡县令，谢安年轻时则高卧始宁东山，"出则渔弋山水，入则言咏属文"，谢灵运还以"始宁墅"为记述对象，写下不朽名篇《山居赋》。傅氏一族进入上虞也很早，傅玄之孙傅晞还做过上虞令，其后代家于上虞 [11]。琅邪王氏中的王随之、王镇之先后都曾任上虞令。据《南史》卷二四记载："以母老求补安成太守，以母忧去职。在官

清洁，妻之无以自反，乃弃家致丧，还上虞旧墓。"王家在上虞有旧墓，说明也是来得比较早的一支外族势力。外族势力进入会稽、上虞，为了扎根立足和发展壮大，首要的任务是要获得土地、山泽等资源，司马氏政权很清楚，这个问题不解决，大量北方南迁流民和豪强大族都会对偏安政权产生不满情绪，甚至激化矛盾起来造反。迫于内忧，元帝不得不在建武元年（317）七月"弛山泽之禁" [12]，为外来世族占山固泽打开一条通道。

自秦汉以来，山林川泽在名义上始终属国家所有，设置少府管理山泽之利，是皇帝的收入，然其权力所及毕竟有限，山林川泽习惯上属当地居民共有，是其樵采渔猎之地。盐铁官营后，山林川泽禁令趋严，但当地居民仍然可以樵采渔猎，有时封建政府为了恢复或发展经济，亦会开放山林川泽。总的来看，东晋南朝以前，是禁的时间多，开的时间少。东晋、南朝则相反，是开的时间多，禁的时间少。而且自刘宋大明初年颁布"占山法"后，始终是开放山林川泽的。

自此以后，北方外来世族凭借政治优势和比较先进的开垦工具大势占山，在始宁、上虞一带又以谢氏一族最甚。他们巧取豪夺，占山固泽，将大量剡溪江、上虞江流域的山泽尽数占为己有。谢氏一族不但早早占据了今上虞上浦的东山、六鼎山、章镇姜山，还有今嵊州的车骑山（谢玄曾被朝廷追封车骑将军）等。需要说明的是，这里所说的山，不是一般意义上的一座山，或者是山上建了几幢宅第，而是以此为中心的一片地区的概念。谢氏一族自谢衡经营上虞（始宁）东山以来，势力不断膨胀，财富积聚迅速。《晋书·谢安传》记载："于土山营墅，楼馆林竹甚盛，每携中外子侄往来游集，肴馔亦屡费百金，世颇以此讥焉，而安殊不以屑意。"如此阔绰豪华的生活，当以其拥有很多田产为前提。这样的情况在谢灵运身上表露的也非常充分。据《宋书·谢灵运传》记载："谢灵运父祖并葬始宁县，并有故宅及墅，遂移籍会稽，修行别业，傍山带江，尽幽居之美。"另外，在他的《山居赋》中同样可以得到印证，除了有"北山二园，南山三苑"（北山即六鼎山，

南山即车骑山）外，还"田连岗而盈畴，岭枕水而通阡"，"阡陌纵横，塍埒交经。导渠引流，脉散沟并"，足见其占地之广。外族豪强的所作所为，极大地加剧了社会矛盾，正如《宋书》卷二所说："晋自中兴以来，治纲大弛，权门并兼，强弱相凌，百姓流离，不得保其产业。"造成"富强者兼岭而占，贫弱者薪苏无托，至渔采之地，亦又如兹"的境地。

统治者一方面为了缓和民族、阶级矛盾，另一方面也是为了从法律上承认豪族的既得利益，遂于刘宋大明初年颁布了"占山法"，该法确认此前所占山泽可以当作"先业"成为私产，从而在法律上确立了世族占山护泽的合法性。据《宋书》卷五四记载："今更刊革，立制五条。凡是山泽，先常炐爐种养竹木杂果为林芿，及陂湖江海鱼梁鳅鳖场，常加功修作者，听不追夺。官品第一、第二，听占山三顷；第三、第四品，二顷五十亩；第五、第六品，二顷；第七、第八品，一顷五十亩；第九品及百姓，一顷；先占阙少，依限占足。"从表面上看"占山法"是限制了世族占山的数量，但由于它承认"先业"为合法私产，他们可以在"先占阙少，依限占足"的幌子下，发起新一轮占山运动。因此，"占山法"非但限制不了世族占山，而且以没有占足为名把它推向一个新的占山高潮。

制瓷业与山林川泽如同唇齿相依，缺一不可。世族豪强占山并且合法化，就意味着窑工、作坊主如要生产，他的原料、燃料都得出钱向"占山者"购买。这样一来，普通百姓连烧饭的柴都成问题，何况烧窑了。因此，制瓷成本就会大幅提高，大多数窑主无法承受而不得不选择"关门大吉"。另外，上虞窑业本来是本地土著庄园主的一项传统产业，由于经济、文化上的差异，外族对它并没有很深的了解，因而染指此业欲望不大。他们占山固泽的目的，一是营墅、建园、筑苑，二是大规模圈地占领资源，盘剥百姓。因此，晋室南迁，外来世族豪强占山固泽，是三国、西晋以来兴旺的上虞窑突然中衰的一个首要原因。

2.赋税制度苛政如虎，官府层层盘剥，百姓雪上加霜

孙吴立国基本上承袭汉代的赋税制度，百姓负担并没有大的加重。晋灭吴后，赋税制度主要是田租、户调、杂调三个大类。杂调又叫杂税，以商税为多，征收方向是商品的生产和流通。由于这时的商税主要目标是渔税、酒税、盐税等，对制瓷行业还未造成大的直接影响。东晋永和年间，吴会地区在出现大饥荒的情况下，朝廷依然"赋役繁重，吴会尤甚"[13]，以后又出现了各种名目繁多的商税，不但有先前的渔、酒、盐三大税种，而且还在生产流通领域增加了不少新的税种。其中，在生产领域与制瓷行业有直接利害关系的有山泽税、塘丁税。东晋、南朝豪门世族和官府都占山固泽，如果人们到被占的山泽区砍柴捕鱼，就要向占有者纳税。东晋义熙九年（413），刘裕曾针对"山湖川泽皆为豪强所占，小民薪采渔钓，皆责税直"[14]的情况，下令断之。会稽、上虞带湖傍海，向来民丁无论士庶，皆保塘役。这种塘役由民间自行组织，"均夫订直，民自为用"，"塘丁所上，本不入官"[15]。齐永明二年（484），会稽太守王敬则以塘役"功力有余，悉评敛为钱，送台库以为便宜"[16]，变原先根据实际需要才有钱出钱，有力出力的塘役，成为"规费"统统收钱上缴中央。这一做法获得齐武帝的允许，结果会稽郡"通课此直，悉以还台，租赋之外，更生一调"[17]。使本不入官的塘丁钱演变成塘丁税。烧瓷需要到山上采取原料、燃料和利用水力加工。另外，当时窑址主要集中在上虞江（今曹娥江）两岸，而曹娥江春潮秋汐水患不断，自古就有"铁面曹江"之说，大潮溃堤，洪水毁塘的事是经常发生的。因此，山泽、塘丁二税就像两只"拦路虎"，迫使窑主在生产前先要交纳税款。在贸易流通领域有间接利害关系的税种就更多，如估税、市税、关津税、牛埭税、桁渡税等。估税、市税课之于贸易过程之中，有点像今天的"营业税"。关津、牛埭、桁渡是流通税，东晋南朝常在交通要道设关津，置官检查、征税。牛埭税也称僦税，官府在"风涛汛险，人力不捷，屡致胶溺"的水流处筑埭，以人力或畜力牵船渡河时所要缴纳的税款。桁渡税即过桥税，只不过这种桥是浮桥而已。如果我们将瓷器的生产、销售看作是一条河流，那么，生产领域好比是河的源头，流通、贸易领域等于河的流。官府在这些环节开设税种，等于在源和流

上扼制了传统制瓷业的生存与发展。

3.东晋、南朝徭役繁重,"百工户"地位低下,后继乏人

东晋南朝对百工户剥削都十分深重,出现了"生儿不复举养,鳏寡不敢妻娶"[18]的可悲现象。时任会稽内史的王羲之看到这种情况深为不安,为朝廷计,他在永和年间不得已上书时任尚书仆射的谢安:"自军兴以来,征役及充运死亡叛散不反者众,虚耗至此,而补代循常,在所凋困,莫知所出。上命所差,上道多叛,则吏及叛者席卷同去。又有常制,辄令其家及同伍课捕。课捕不擒,家及同伍寻复亡叛。百姓流亡,户口日减,其源在此。又有百工医寺,死亡绝没,家户空尽,差代无所,上命不及,事起或十年、十五年,弹举获罪无懈息,而无益实事,何以堪之!谓自今诸死罪原轻者及五年刑,可以充此,其灭死者,可长充兵役,五岁者,可充杂工医寺,皆命移其家以实都邑。"[19]在这里王羲之为了弥补百工户不足,竟提出了以判五年刑的罪犯充实的主张。王内史的办法虽好,可又有多少够条件

的刑徒可以充任呢?东晋如此,此后的宋齐梁陈历朝情况也基本相同。据《陈书》卷五记载,为了稳定百工户,陈太建二年(570)宣帝下诏"巧手于役死亡及与老疾,不劳订补"。也就是说暂时停止了对工匠的征调。俗话说"巧妇难为无米之炊","十年树木,百年树人",试想,百工户后继乏人,无异于"窑"底抽薪,上虞窑业凋零实在是情理之中的事。

综上所述,外族进入,苛捐杂税和百工户后继乏人这三大问题,是东晋南朝上虞窑业突然中衰和长时间走低的主要原因。南迁世族既得利益格局不改变,上虞窑业要想复兴就没有可能。梁代末年侯景出于个人私愤,对王、谢世族大开杀戒,几乎斩尽杀绝。从表面上看是王、谢二族在这场战乱中断了香火,但实际上"侯景之乱"是当时上层社会变革的一次大洗牌,它标志着世族地主把持朝政的局面将一去不复返,庶族地主将在社会大动荡、大变革中崭露头角,并将登上历史舞台。上虞窑业正是在这个历史阵痛过后,到李唐王朝才又一次迎来她辉煌的明天。

注 释

[1][8] 杜伟:《上虞越窑窑址调查》,《东方博物》第24辑,浙江大学出版社,2007年。

[2] 李刚:《试述孙吴时期越窑的大发展》,《古瓷新探》,浙江人民出版社,1990年。

[3] a.张志新:《江苏吴县狮子山西晋墓清理简报》,《文物资料丛刊》(3),文物出版社,1980年。b.镇江市博物馆:《介绍一件上虞窑青瓷扁壶》,《文物》1976年第9期。

[4] 2004年上虞大园坪窑址发掘出土,属东汉晚期。

[5]《南京赵士岗发现三国时代孙吴有铭瓷器》,《文物参考资料》1955年第8期。

[6]《介绍一件上虞窑青瓷扁壶》,《文物》1976年第9期。

[7] 发掘领队郑嘉励,考古资料尚在整理中。

[9] 金普森主编:《浙江通史》第3卷,浙江人民出版社,2005年,第320页。

[10] 同[9],第257页。

[11] 同[9],第256页。

[12]《晋书·元帝纪》。

[13][19]《晋书·王羲之传》。

[14]《宋书》卷二《本纪第二》。

[15][16][17]《南齐书》卷二十六《列传第七》。

[18]《晋书》卷七十五《列传第四十五》。

杭州出土的高丽青瓷

马争鸣（浙江省文物鉴定审核办公室　310012）

【摘要】 20世纪60年代以来，杭州地区陆续出土了为数不少的朝鲜高丽时期的青瓷器物或残片，主要有翡色、镶嵌两大类。分析其制作特征及胎釉成分，发现与浙江青瓷有着密切之关系。

【关键词】 杭州　高丽青瓷　浙江青瓷

杭州地处浙东沿海，南宋时期曾定都于此。浙江是中国青瓷的发源地，杭州也拥有深厚的青瓷文化底蕴。而高丽青瓷在杭州的出现，更是给这块青瓷繁荣的土地增添了光彩。

一　杭州出土的高丽青瓷

高丽青瓷是指朝鲜高丽时期（918—1392）生产的著名青瓷，它是青瓷家族中独具特色的一员。20世纪90年代，杭州出现了大量南宋官窑青瓷残片，同时相伴而出的高丽青瓷残片则给我们提出了新的课题。这些似曾相识的青瓷为何出现在杭州？它与浙江青瓷有过怎样的关系？它的特征及性质又是什么呢？

杭州出现的高丽青瓷主要有两类。一是翡色青瓷。"翡色"之名源自宋徐兢的《宣和奉使高丽图经》："陶器色之青者，丽人谓之翡色。"翡色青瓷出土地点主要集中在杭州市的南面，即南宋时期皇城周围区域。二是镶嵌青瓷。"镶嵌"之名为日本学者所称，镶嵌青瓷分布在杭州市的各个不同地点。这两类青瓷，从制作工艺上判断，翡色青瓷精美优雅，镶嵌青瓷略显逊色；从制作年代上分析，翡色青瓷为12—13世纪，镶嵌青瓷为13—14世纪；从青瓷

特征上辨析，翡色青瓷与浙江青瓷关系密切，而镶嵌青瓷则更具高丽本土特色。

杭州出土高丽青瓷的地点有墓葬、遗址、建筑土堆、地下水管、山林草丛等范围。

1. 杭州半山墓葬出土的高丽青瓷

1967年，在杭州市半山一座宋代墓葬中，曾经出土了一件高丽青瓷刻花葵口式残碗（现藏浙江省博物馆）。高5.9、口径18.5、底径6.4厘米。敞口，弧腹，裹足支烧，底呈三个支钉痕。碗外光素无纹，内刻牡丹花纹。灰胎且坚致，釉色青灰，釉质滋润，釉面开片，整体工艺精致（图一）。

该墓还出土了鎏金铜质官印一方。章背两侧刻"绍兴十九年（1149）"、"文思院铸"，印面篆文"建宁军节度使之印"。"文思院"为南宋时期的中央官署，《梦粱录》载："文思院，在北桥东。京都旧制，监官分两界：曰上界，造金银珠玉；曰下界，造铜铁竹木杂料。"[1]"建宁"为今福建省建（安）瓯（宁）市，"节度使"是中央派出的地方官员。《武林旧事》卷第九条有"建宁军节度使提举万寿观韦谦"[2]，据此可推测此墓主人是韦谦。据《宋史》记载，韦谦为韦太后（宋高宗母亲）侄儿，韦渊之子。印章的纪年铭文为这件高丽青瓷的时代提供了有力证据。

图一

图二

图三

图四

图五

图六

图七

图八

图九

图十

图十一

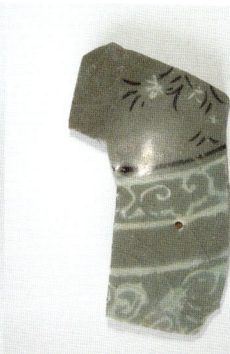
图十二

图十三

图十四

图十五

图十六

2. 恭圣仁烈皇后宅遗址出土的高丽青瓷

2004 年 4 月，杭州市文物考古所在南宋恭圣仁烈皇后宅遗址发掘中，发现了 14 片高丽青瓷标本，其中包含翡色和镶嵌青瓷二种。虽然标本为较小残片，已无法复原器物的造型，但依然能够发现青瓷的胎质坚致，釉色青翠，镶嵌工艺精美（图二）。由于这些瓷片是在明确的遗址现场发现，故比起以往在皇城周围地点上采集到的高丽青瓷残片更具典型性和权威性。

恭圣仁烈皇后杨氏（1162—1233），宋宁宗嘉泰二年（1202）被立为皇后。宋理宗即位后，被尊为皇太后，卒谥恭圣仁烈。该遗址是杭州乃至全国首次发现并保存完好的南宋时期古代园林遗址。遗址的地点在皇城的北面，在现今清波门直街，四宜路和蔡官巷之间。

3. 南宋皇城地区出土的翡色青瓷

从 20 世纪 80 年代开始，文物部门对南宋皇城遗址进行了系统发掘，基本确定了城墙的位置。90 年代在皇城周围又陆续发现了太庙、临安府治、恭圣仁烈皇后宅、老虎洞官窑等多处南宋时期的重要遗址。同时在今杭州卷烟厂的位置，集中出土了大量官窑青瓷残片和一定数量的高丽青瓷标本。笔者见到了部分标本，并对高丽青瓷的出土地点进行了多次询访、调查，获得了部分宝贵资料[3]。

早在 20 世纪 60 年代，就有人在皇城北面（今万松岭路海军干休所）发现过高丽青瓷标本。但由于当时缺乏对高丽青瓷的系统了解，而误认为它是南宋官窑青瓷。20 世纪 80 至 90 年代，在皇城的周边地区，如望江门、太庙巷、城头巷、珠宝巷、高士坊巷等地，也都发现过零星的高丽青瓷残片。

根据文献及考古资料，现今杭州卷烟厂的位置曾经是南宋时期"三省六部"国家机关的驻地。它紧靠皇城北面，与北城墙交界。1988 年杭州市考古所在此地发现路面用"香糕砖"砌成的南宋御道遗迹。1997 年也在此地发现河道与木船遗迹，杭州自古是水乡泽国，河道纵横，木船必然是当时的交通工具[4]。这些发现也从一个侧面佐证了该地区为当时显贵聚集之地。

南宋时期皇城北面正门为"和宁门"，东侧是皇宫的便门之一"东华门"。外国使臣觐见、参加皇帝主持的殿试等活动均由此门入宫。《咸淳临安志》卷十"行在所录·内诸司"条说有"御前内辖司"下属的"东库"在东华门外[5]。杭州卷烟厂的出土地点与皇室的"东库"相距不远，它们之间也许就存在着某种联系，出土的瓷片或许就是"东库"的生活物品？

杭州卷烟厂出土的高丽青瓷标本主要是翡色青瓷，其釉色青翠靓丽，胎体细腻坚致，花纹潇洒秀美，工艺制作精良。在残片中，翠色刻花是最引人入胜的。另外龙纹（图三）、牡丹（图四）、荷花纹等，都优雅生动，富有美感。

4. 杭州市区出土的镶嵌青瓷

杭州市区出土的镶嵌青瓷残片，大多是在各建筑工地上采集。有精致也有粗糙，有时代较早也有较晚的。镶嵌青瓷的最大特色是它的装饰工艺，先在瓷胎上精心刻划出纹饰轮廓，以黑白两色泥料填充花纹图案，再经修整施青釉后一次烧成。它所呈现的黑白相映的花纹图案，妙趣横生。

1982 年，杭州市修建环湖地下水管，在湖滨路出土了镶嵌青瓷菊花纹高足杯残件，里外镶嵌纹饰，把柄已脱失，造型与元代高足杯相仿，判断为 14 世纪产品（图五）[6]。在西湖边还出土过镶嵌黑白花纹的高足花瓣形盏托残器，与韩国新安海底沉船图录中的一件盏托基本相同[7]。菊花纹是镶嵌青瓷中最常见的，它的表现形式是一种可爱的圆形小菊花，笔划简洁，生动活泼。它与中国的菊花纹风格迥异，散发着浓郁的本土韵味。

仙鹤与蒲柳水禽纹是镶嵌青瓷中最常见的花纹。黑白色彩镶嵌的仙鹤（图六）被赋予了生命，其喙、眼、腿用黑色描绘，而其身羽毛洁白，在天空飞翔。蒲柳水禽纹描绘了田园风光，池塘里的大雁、鸳鸯在水中游弋，并配以蒲柳、芦苇等水生植物，洋溢着安逸祥和的氛围。

二　朝鲜半岛与浙江

高丽青瓷在杭州出现有其深刻的历史渊源。以往的观点都认为朝鲜半岛与中国北方地理位置相近，交通方便，关系密切，其实不然。近年来通过对两地进行比较研究后发现，两地的文化类型非常相似，关系密切。宋丽时期，先进的交通工具及航海技术给双方的交往提供了保障。海上航线的畅通，交往越来越频繁。

1.浙江东部沿海地区与朝鲜半岛南部隔海相望，两地都处在沿海地区，习水便舟是水文化的共同特征。浙江的古代居民，就以善于驾舟而闻名于世。在浙江余姚河姆渡、桐乡罗家角、吴兴钱山漾、杭州水田畈、萧山跨湖桥等遗址中都出土了水上交通工具及船只。这说明早在新石器时代的杭州湾地区，水上航行已经相当普及，不仅限于内河，更是发展至海上。

两地都有种植水稻的悠久历史，稻作文化也是其共有的特征。浙江余姚河姆渡遗址出土了距今 7000 年的水稻遗物，而朝鲜半岛也曾出土过距今 5020 年的稻作遗物，相当于良渚文化的早期阶段[8]。由稻作文化衍生出来的对鸟图腾的共同敬仰，在河姆渡遗址中出土了鸟纹象牙板和双头鸟纹骨匕等鸟图腾遗物。高丽民族对鸟图腾的敬仰渗透到各个方面，特别是对仙鹤的崇拜，体现在服装、墓葬、绘画、青铜等多种题材上，他们认为仙鹤具有神性。

两地还有同样类型的干栏式建筑，有许多相同的食物及生活习惯，有着相似的丘陵地貌，具备广茂的森林与丰富的瓷土，还保留着相似的支石墓遗存等。

2.中国宋代的造船业及航海技术堪称世界一流。宋代海船较之唐代载重量大为提高，《梦粱录》卷十二载："且如海商之舰，大小不等，大者五千料，可载五六百人。中等二千料至一千料，亦可载二三百人。"[9] 载重五千料约为三百至四百吨，这在当时已经可以称为海上巨舰了。宋代先进的造船技术在泉州出土的宋代海船中得到证明，船内设置了水密隔舱，增强了船的抗沉性和横向强度[10]。借助这样先进的海船，海运能力大幅度提高。

先进的航海技术又有赖于指南针的熟练运用，它使航海业产生了革命性的变化。宋代朱彧的《萍州可谈》和徐兢的《宣和奉使高丽图经》等书籍，都对指南针的实际操作有详细记载。宋人积累了丰富

的航海知识，特别是掌握了去高丽的季风规律、潮汐变化、航海路线等技巧，航行的安全性大大提高。

3.杭州湾港口位于钱塘江海口，但因港口沙堆众多、波涛凶涌，航船停泊不太理想。明州（宁波市）港在杭州湾港口的西面，有着优越的地理环境，稳定的航道，适于避风寄泊。因此，宋丽往来船只一般都先达明州港或从明州港出发。而明州至杭州则有杭甬（甬，宁波简称）大运河相连接，转驳交通十分便利。

北宋时期，中国与高丽海上航行的主要登陆地有山东登州（今蓬莱）和浙江明州。《宋史·高丽传》记载："往时高丽人往返皆自登州，七年，遣其臣金良鉴来言，欲远契丹，乞改由明州诣阙，从之。"[11] 宋帝同意了高丽的请求，从神宗熙宁七年（1074）开始规定往来航船由明州港登陆。这期间政府还制定了许多优惠政策，在明州专门设置了高丽司、筑造高丽使馆、降低往来商船税收等，由此鼓励双方开拓商业贸易、促进文化交流。

三 高丽青瓷与浙江青瓷

浙江是青瓷的发源地，制瓷功底非常深厚。商周时期的原始青瓷，为东汉时期青瓷的诞生奠定了良好基础。浙江东部沿海地区的越窑青瓷，从东汉开始，已具备了坚致的胎骨、清澈的釉面、规整的工艺、丰富的造型与纹饰。三国两晋时期，越窑青瓷大发展，唐、五代越窑青瓷的品质达到了颠峰。精美绝伦的"秘色瓷"品种，更是把青瓷的翠色发挥到了极致。越窑青瓷不仅是中国青瓷的经典，更是世界青瓷的先锋。

考古资料表明，越窑青瓷最初在朝鲜半岛出现是在东晋时期[12]，至唐朝时，越窑青瓷源源不断地输入到朝鲜半岛。在韩国扶余出土了越窑青瓷玉璧底碗 15 件；在益山弥勒寺遗址，发现了越窑青瓷残片，同时出土"大中十二年"（858）铭文陶器；在雁鸭池宫殿，出土了越窑青瓷玉璧底碗等器物，时代考证为公元 907 年前[13]。

朝鲜统一新罗晚期（668—918），浙江地区的越窑工匠将制瓷工艺传到朝鲜半岛，使其在较短的时间内完成了陶器向瓷器的转换，并开始了生产青瓷

的辉煌历史。在韩国西南海岸发现了许多早期（9—11世纪）青瓷窑址，最具代表性的有全罗南道康津郡大口面和七良面[14]。至高丽时代，青瓷制作技艺更趋成熟。考古调查发现，窑址由康津郡的大口面和七良面向周边扩散，除了康津郡外，还有全罗北道的扶安郡[15]。

青瓷的外在装饰、纹样、造型、工艺等固然可以模仿，但窑业的核心胎釉配方、窑炉结构、烧制温度等技术秘密又是如何被高丽窑工所破解的呢？这样大型的工程光靠几个人显然是完成不了的，可以想象当时有多少越窑工匠在忙碌。每道工序都有身怀绝技的专人把关，直至最后青瓷烧制完成。将如此高科技的工艺毫无保留地传给了高丽工匠，确实心存疑问。但不管如何，高丽青瓷以其特有的风格给世人带来了惊喜。

高丽青瓷从"越窑式"开始，到拥有高丽元素的翡色青瓷，再到独创高丽风格的镶嵌青瓷，经历了三个重要发展阶段。虽然高丽青瓷也仿制汝窑、耀州窑、定窑、磁州窑等北方瓷系的一些外观特征，但核心的窑业技术却是源于浙江越窑青瓷。

1. 高丽青瓷与越窑

高丽早期的青瓷模式我们称为"越窑式"。资料显示，早期高丽青瓷胎釉的化学成分与五代、北宋时期的越窑几乎相同[16]。早期青瓷釉色青中泛黄，胎骨还不够坚致，造型也仿制越窑青瓷，特别是唐代大量生产的一种茶碗，底部为"玉璧底"式。仿制这类茶碗的年代要比唐时越窑偏晚，烧制工艺也与越窑有所区别。两者的装饰与纹样也有诸多相似之处，装饰方法有素纹、刻花、划花、堆塑等，都较为简单。越窑青瓷中常见的纹饰鹦鹉、莲瓣、菊花、牡丹、卷草等，在高丽青瓷中也常见。

在韩国康津郡窑址出土的龙窑，采用了越窑系统中最为先进的窑业技术，这不得不使我们相信，越窑工匠参与了建设龙窑和烧制青瓷的活动。其窑炉为障焰龙窑，在9—10世纪的中国也属刚开发的新技术。窑床铺沙是窑业技术中不可缺少的环节，具有固定匣钵和吸热的功能。利用废弃匣钵筑窑墙是浙江青瓷窑业的惯用手法，目的是废物利用，节约

成本。可以说康津郡是接受中国窑业技术最早和最重要的地点[17]。

高丽青瓷除窑炉形式与越窑相同外，使用的窑具也是当时最为先进的。有M形、钵形、筒形匣钵及各种垫具，与唐宋时期越窑使用的窑具完全相同。在韩国京畿道始兴市芳山洞窑址出土了"奉化"铭文的M型匣钵[18]。越窑匣钵始于晚唐，五代和北宋时期大量使用。在浙江慈溪上林湖230余处越窑遗址中，就频繁地使用M型匣钵[19]。M型匣钵的优点是减少窑内占有空间，提高青瓷烧制质量。

2. 高丽青瓷与龙泉窑

杭州出土的高丽青瓷中没有发现其早期产品，翡色青瓷是高丽鼎盛时期的成熟产品，镶嵌青瓷有鼎盛时期也有衰退时期的产品。翡色青瓷的釉色与气派颇有南宋龙泉窑青瓷的风范。龙泉窑是继越窑而起的又一特色青瓷，南宋时期是它的颠峰阶段，地点在浙江省的西南部。

龙泉窑青瓷以其外釉装饰为主要特色，但也有刻划花纹。翡色青瓷主要有刻花、印花和外釉装饰产品。龙泉窑青瓷釉色确实与杭州出土的翡色青瓷釉色相近，而纹饰也有相似之处。比如莲瓣纹，两者花纹初看比较相似，但仔细对比还是发现有差别。龙泉窑的莲瓣纹较为含蓄，翡色青瓷的莲瓣纹较为清晰，两者莲瓣的排列也有些不同。

判别它们的根本不同，主要还是从胎体和工艺去识别。翡色青瓷为灰胎，龙泉窑青瓷为白胎。翡色青瓷的底部工艺为裹足支烧，有支钉痕，龙泉窑青瓷的底部工艺为圈足，周围呈火石红色。

3. 高丽青瓷与南宋官窑

杭州半山墓出土的那件高丽青瓷葵口碗，与翡色青瓷的釉色不同，呈青灰色。它的釉色、开片、器型、工艺还颇有南宋官窑青瓷的神韵，并把釉质莹润的效果演绎到极致。底部工艺倒是标准的高丽青瓷裹足支钉技法，虽与官窑青瓷工艺一样，但裹足法和无规则支钉形与官窑有些差别。南宋官窑的支钉形状多为点圆形，工艺也比高丽青瓷精致。

南宋官窑青瓷是南宋时期皇室在杭州研发的一种青瓷，它是继北宋汝官窑青瓷之后出现的又一经

典。在杭州已经陆续发现了两座南宋官窑遗址，出土了大量青瓷实物。杭州出土的这类青灰釉高丽青瓷的数量虽然不多，但它的出现至少证明高丽也生产这类青瓷。南宋官窑与高丽翡色青瓷在同一地点出土，官窑的性质更加明确。

四 成分分析

经上海博物馆采用能量色散X荧光分析法测定[20]，结果如下表（表一）。翡色青瓷2件（南宋）（图七、图八）、镶嵌青瓷2件（南宋—元）（图九、图十）、越窑1件（北宋）（图十一）、官窑1件（南宋）（图十二）、龙泉窑1件（南宋—元）（图十三）、汝窑1件（北宋）（图十四），共计8件。虽然标本量还不够全面，但很有代表性。

从胎的成分表分析，南北方采用的青瓷原料有明显的不同。南方采用的是原生粘土，它是由长石质岩石风化崩解后残留下来的粘土。北方采用的是沉积粘土，它是由风化生成的粘土。南方胎土SiO_2含量高，质地较纯净。北方胎土Al_2O_3含量比南方高，相对于杂质的含量CaO和TiO_2也比南方高。高SiO_2低Al_2O_3是南方青瓷特征，高Al_2O_3低SiO_2是北方青瓷特征。表一中汝窑青瓷与其他南方青瓷成分比较，就体现了这种特征。SiO_2和Al_2O_3都是胎的主要成分，SiO_2相当于肉体，Al_2O_3相当于骨架。

上面谈到早期高丽青瓷的胎成分与五代、北宋越窑青瓷几乎相同，而表一中更证明鼎盛时期高丽青瓷的胎成分与北宋越窑青瓷也同样相近。它们的SiO_2含量为73%~77%，Al_2O_3含量为16%~19%，其他成分含量也与越窑青瓷系统相近。

早期南方青瓷釉（表二），如越窑，一般CaO含量高，K_2O含量低，它是以草木灰为主要原料，呈现钙釉特征，称石灰釉。南宋开始，官窑、龙泉窑青瓷釉中K_2O含量提高，釉层增厚具有玉质般的莹润效果，称石灰碱釉。

翡色青瓷釉1、2号CaO含量高，与越窑青瓷相近，釉面光亮晶莹，透明度高。镶嵌青瓷釉1、2号K_2O含量高，与龙泉窑、官窑青瓷釉接近，釉面呈现乳浊状。镶嵌青瓷正是有了这种乳浊釉，才能

表一 宋元时期青瓷胎化学成分（单位：%）

样品名称	SiO_2	Al_2O_3	K_2O	CaO	Na_2O	MgO	TiO_2	MnO	Fe_2O_3	P_2O_5
翡色青瓷1	73.62	18.9	3.07	0.3	0.94	0.48	0.83	0.03	1.81	0
翡色青瓷2	73	19.56	3.24	0.35	0.85	0.4	0.73	0.03	1.84	0
镶嵌青瓷1	74.36	17.36	3.29	0.36	1.3	0.42	0.65	0.03	1.85	0
镶嵌青瓷2	73.35	19.22	2.53	0.39	1.1	0.53	0.97	0.04	1.87	0
越窑青瓷	76.98	16.21	2.93	0.41	0.68	0.43	0.85	0	1.52	0
官窑青瓷	68.81	22.85	4.31	0.38	0.52	0.36	1.17	0.02	1.59	0
龙泉窑青瓷	69.73	21.86	5.07	0.22	0.75	0.23	0.16	0.05	1.93	0
汝窑青瓷	62.95	29.76	1.49	1.29	0.71	0.39	1.27	0.04	2.11	0

表二 宋元时期青瓷釉化学成分（单位：%）

样品名称	SiO_2	Al_2O_3	K_2O	CaO	Na_2O	MgO	TiO_2	MnO	Fe_2O_3	P_2O_5
翡色青瓷1	61.95	13.03	2.7	18.06	0.35	0.97	0.07	0.41	1.69	0.67
翡色青瓷2	63.14	13.07	2.47	17.04	0.12	0.93	0.08	0.31	1.52	0.68
镶嵌青瓷1	62.69	13.31	4.19	16.29	0.31	0.8	0.09	0.33	1.36	0.23
镶嵌青瓷2	63.87	12	5.25	14.79	0.56	0.63	0.09	0.4	1.35	0.36
越窑青瓷	61.82	12.27	1.35	17.52	0.15	1.68	0.3	0.54	2.12	2.26
官窑青瓷	66.15	13.09	4.22	13.76	0.25	0.62	0.06	0.18	1.15	0.35
龙泉窑青瓷	68	13.41	5.09	10.07	0.42	0.62	0.06	0.37	1.59	0.29
汝窑青瓷	65.22	15.48	4.31	11.3	0.24	0.9	0.08	0.18	1.74	0.55

使镶嵌的画面固定而不易流动，保证了图案的美感。而官窑、龙泉窑则采取少刻花纹，更突出釉质的优雅。高丽青瓷的其他釉成分与南方青瓷系统相近。

五　高丽青瓷的性质

根据杭州出土的高丽青瓷所扮演的角色分析，其主要使命是作为贡品、礼品及贸易商品。

1. 高丽青瓷中的翡色青瓷，其制作工艺完全可以与南宋官窑青瓷相媲美。从出土地点看，为南宋皇城区和恭圣仁烈皇后宅遗址。从出土物品看，与南宋官窑青瓷相伴而出。据《高丽史》记载，高丽王朝管理瓷业的生产机构为司甕院，下设窑直正副使，由派驻窑厂的官员"窑直"具体负责瓷器生产。杭州出土的翡色青瓷与韩国窑址出土的官窑青瓷完全吻合，并与宋时《宣和奉使高丽图经》中所描述的翡色青瓷特征也吻合。精美的青瓷作为贡品献给喜好青瓷的宋朝君王，看来是再合适不过。

2. 宋时两国交往频繁，礼品来往是免不了的。文献记载，宋时使者来到高丽国都开城，作为尊贵的客人，自然收到不少珍贵的礼品，其中就有精美的青瓷。有些使臣收到的礼品实在太多，回程的船也装载不下，就只好实地"礼货贸银"（即就地转卖换钱）。礼品与贡品有着本质的区别，贡品是朝廷间的官方交往，而礼品的赠与则是多方面的，既可以是官方，又可以是非官方的。在杭州出现的高丽青瓷中，相信就有作为礼品赠与的。

3. 至公元13世纪，高丽国一跃成为青瓷的输出国。南宋时期《宝庆四明志》市舶条高丽输出的粗色货中就有关于"青器"的记载。元代《至正四明志》市舶条高丽输出的细色货中也有"高丽青器"列名。杭州出土的镶嵌青瓷大部分应为贸易商品，时代特征明显，早期比较细致（南宋晚期），晚期比较粗糙（元代晚期）。镶嵌青瓷的独特工艺，使其成为最受欢迎的外销青瓷，不仅在杭州，在全国各地都有大量遗存，而翡色青瓷在中国的数量却是少之又少。

杭州出土的高丽青瓷，它的优雅精美体现在高丽窑工将浙江青瓷的精髓与高丽元素的完美结合。我们研究它，不仅需要了解它的外观特征、内部胎釉成分以及与浙江青瓷的亲密关系，更能提升我们对青瓷的审美境界，感悟它的创造之美。

注　释

[1]　[宋]吴自牧：《梦粱录》，黑龙江人民出版社，1980年，第77页。

[2]　[宋]周密：《武林旧事》，黑龙江人民出版社，2003年，第392页。

[3]　承蒙马亦超、赵雪艮、许祥提供线索。

[4]　马时雍主编：《杭州的考古》，杭州出版社，2004年，第176、177页。

[5]　《咸淳临安志》，道光庚寅钱唐振绮堂汪氏仿宋本重雕。

[6]　冯先铭：《中国古陶瓷论文集》，紫禁城、两木出版社，1987年，第330页。

[7]　耿宝昌：《闲话朝鲜高丽青瓷》，《文物鉴赏丛录——陶瓷（一）》，1995年，第160页。

[8]　毛昭晰：《先秦时代中国江南和朝鲜半岛海上交通初探》，《东方博物》第10辑，浙江大学出版社，2004年。

[9]　[宋]吴自牧：《梦粱录》，黑龙江人民出版社，1980年，第111页。

[10]　黄纯艳：《宋代海外贸易》，社会科学文献出版社，2003年，第68页。

[11]　《宋史》卷四八七《外国3》。

[12][16]金英美：《越窑制瓷技术向高丽青瓷的传播与影响》，《浙江省文物考古研究所学刊》第5辑，杭州出版社，2002年。

[13]　林士民：《青瓷与越窑》，上海古籍出版社，1999年，第289页。

[14][15][韩]郑良谟：《高丽青瓷》，文物出版社，2000年，第14、15页。

[17]　熊海堂：《东亚窑业技术发展与交流史研究》，南京大学出版社，1995年，第238、239页。

[18]　大阪市立东洋陶瓷美术馆编：《高丽青瓷的诞生》，大阪市美术振兴协会，2004年，第31页。

[19]　林士民：《青瓷与越窑》，上海古籍出版社，1999年，第292页。

[20]　测定者为上海博物馆熊樱菲先生。

CURATOR制度
——中国博物馆的发展方向

俞敏敏　赵　丰　金　琳（中国丝绸博物馆　310002）

【摘要】 CURATOR制度是西方许多博物馆得以良性运行的一种重要而成功的模式。引入CURATOR制度，并根据中国的实际情况建立更加完善的"业务主管制"管理体制，有利于改进中国博物馆原有的运行模式，从而产生高效的博物馆。

【关键词】 博物馆　体制　CURATOR

一　博物馆的CURATOR体制

在西方国家，CURATOR 通常是指在博物馆、美术馆等非赢利性艺术机构专职负责藏品研究、保管和陈列，或策划组织艺术展览的专业人员。CURATOR作为职业，最早主要是指16世纪以来随着私人博物馆的兴起而出现的在馆内负责藏品研究、保管和陈列的专职人员。在某些情况下，CURATOR 可能也就是馆长 (DIRECTOR)，亦需负责博物馆的行政管理、资金筹集和社会关系等。后来，随着艺术品在馆藏中数量增多和重要性上升，出现了专门负责馆藏艺术品研究、保管和陈列的人员。17世纪以后，私人博物馆开始向公众开放。博物馆经常按时代或主题组织一些专题艺术展览或陈列，这样就出现了早期的"策展人"。18世纪以后，在欧美等地出现了众多的国家博物馆，特别是专业的艺术博物馆或美术馆，如英国大英博物馆、丹麦哥本哈根国立美术馆、美国大都会艺术博物馆、法国卢浮宫国家艺术博物馆等。在这些规模宏大的艺术博物馆或美术馆中，又进一步按照地区或时代细分，出现了专门负责某个地区或时代艺术藏品的研究、保管和陈列的专业人员，他们也负责相关领域的临时性展览，但一般不负责整个博物馆或美术馆的经营管理。20世纪80年代以来，随着经济全球化的浪潮，东西方的文化艺术交流日益频繁，西方的独立策展人制度也开始在亚洲国家和地区兴起，日本、韩国和中国的香港、台湾地区就涌现出不少本地的独立策展人，他们在当地社会文化生活中发挥越来越重要的作用。

1. 大英博物馆的 CURATOR

大英博物馆有10个专业部门，人员基本上由硕士以上高学历学者和专家构成，有100个CURATOR，占总人数的10%。其中亚洲部下设中国、日本、韩国、伊斯兰、印度、印巴、东南亚、喜马拉雅与中国西藏组。中国组有2.5个CURATOR，其中0.5个CURATOR是兼研究韩国的；伊斯兰组有2个CURATOR；印巴组有3个CURATOR。

大英博物馆CURATOR的职责是：（1）保护藏品；（2）研究；（3）对公众教育（撰写藏品基本情况报告、回答公众问题、对公众讲座、为公众讲解）等。

中国组的 CURATOR 下有 4 个助手，还有秘书和行政人员。

CURATOR 助手的职责包括：（1）运送藏品至保护技术部；（2）藏品打包；（3）巡回展的包装、运输。行政人员的主要职责：（1）捐款到位；（2）订购巡回展机票；（3）购买相关工具等。

CURATOR 的招聘是公开的，在网上公布，是国际性的，每个部门的 CURATOR 的录用由部门负责人决定，而部门负责人则由馆长选定。

举办专题展览，需提前 5 年申请，专题展时间一般为 3 个月，每年有 2—3 个展览。CURATOR 要全面负责专题展的相关工作，一般没有助手。

亚洲部研究中国的 CURATOR，在 2000 年做了龙的展览后，一直没有做有关中国文化的展览。现在正在筹备一个有关木乃伊的展览，准备在一个展厅内展出相关的随葬品，并在拥有 100 多个座位的地方放映 20 分钟的影片，主要内容为木乃伊的做法。

大英博物馆工作人员的待遇根据其职务的不同而有所区分：总馆长月薪 12000 英镑，部门负责人 7000 英镑，CURATOR 为 3200 英镑，一般工作人员为 2800 英镑，助手 1400 英镑。

大英博物馆每年得到的政府拨款为 3500 万英镑，80% 用于员工工资，20% 用于维修与展览。大英博物馆平时免票，专题展时收取一定门票。从卖书与卖咖啡赚钱，一年卖书收入为 50 万英镑，餐厅由其他单位经营，分给部分利润。

2. 英国 Carol Michaelson 博物馆的 CURATOR（表一）

3. 美国博物馆的 CURATOR 制度

美国博物馆中的 CURATOR 是具有较强学术性质的业务研究职务，其职责一般包括管理所属藏品、策划陈列展览、进行学术研究、辅助宣教工作、协助筹款事务等。其中，管理藏品是 CURATOR 最原始、最基本的职责。由于美国博物馆十分重视"藏以致用"，策划展览成为 CURATOR 最突出的日常工作。CURATOR 始终是美国博物馆最主要的学术研究力量，随着美国博物馆越来越强调市场意识，CURATOR 又增加了辅助宣教、协助筹款等职责。在小型博物馆

或部分中型博物馆，CURATOR 往往就是馆长，在大型博物馆和部分中型博物馆 CURATOR 常常是部门主任，而在超大型博物馆，CURATOR 也许只是一个某类专题的主管，因此在一个业务部门可能有若干个 CURATOR。

史密森尼研究院亚洲艺术馆业务主管的职责是：研究获取艺术品、掌握与藏品有关的最新信息，更换永久陈列及举办特展，与捐款人建立和保持联系，编写和出版图录。

克利夫艺术博物馆对业务主管的职责是：展览：能够从头至尾独立完成一项主要展览及展览图录；藏品：发展未来的收藏计划，改善收藏，诠释收藏；出版：编写藏品图录、展览图录和专题论文；获取：有成功的藏品征集记录，建立有效的捐赠关系。

（1）美国业务主管的学历和资历要求

博物馆在招聘业务主管时，主要考虑两个条件：学历和资历。美国大多数博物馆的业务主管的学历是美术史博士或硕士，也有少数其他专业的转行从事博物馆工作的。近年来较大的博物馆的业务主管基本上是博士。许多博物馆在招聘广告中就申明要求有博士学位，并会一门或两门外语。譬如中国艺术的业务主管要求会中文，欧洲绘画的主管要求会法文、德文或意大利文，古代西方艺术的主管要求会希腊或拉丁文。实际上这种要求并不算太高，因为一般大学博士至少要掌握一至两门外语，否则也不可能做研究完成论文。对于博物馆来讲，资历和学历同等重要。有些博物馆甚至更看重资历，原因是学历只能证明一个人的学识和研究能力及经验。很多有志从事博物馆工作的学生在学习期间常常通过做实习生或志愿者获得工作经历。

（2）业务主管的职责

业务主管的工作主要有三项：收藏、展览、研究。这三项其实即是博物馆的基本功能。

A. 收藏的程序和审批制度

博物馆收藏的途径有两种，一是通过古董商、画廊以及拍卖行购买，另一种是接受个人或团体的捐赠。无论购买或捐赠，博物馆有一套工作和审批的程序。首先是要征得部门负责人或馆长的同意。博

表一　调查表 Questionnaire

博物馆名称 Name	Carol Michaelson
资金来源 Source of the found	Salary paid by the Museum which is given some money by the English government.
业务部门设置 Professional departments	Department of Asia
专业负责人数量 Amount of curators	8 (4Chinese, 3Indian, 1Japanese)
各研究专业负责人任职资格、权利、职责 Qualification, Authority and Duty of the Curator	Degrees in History and Chinese language and culture. To curate objects in my care (all early material to about 1000 AD and snuff bottles and all jades) To educate the public by lecturing, gallery talks, give public opinions on authenticity and dating of objects To make the collections available to the general public through exhibitions and through publications, both scholarly and popular To extend the content of the collections by purchase, gift, fieldwork and excavation
助手的配备 Amount of assistants	
各部门之间关系 Relations between different departments	We work closely with other departments on exhibitions which span different cultures and organize seminars on such subjects

物馆通常都有一个价格限制，具体数目因馆而异，从数千到数万不等。在规定的价格之内，不需要馆长批准，只要部门负责人同意即可。虽然仍要写收藏申请报告，但这只是手续上的完备，部门负责人和馆长都会认可签署。超过规定价格的艺术品的收购需要提前征得馆长的同意。不过，馆长基本上是听取部门的意见，因为馆长的责任是把关，考虑有没有足够的资金，有关的专业问题，例如艺术品的真伪、价格、收藏价值、文化意义等，还是以部门的意见为主。

业务主管在征得馆长同意之后要在全馆的收藏会议上提交报告，经过收藏委员会的讨论和批准。报告的内容包括对艺术品的说明、艺术价值、文化内涵、与博物馆收藏的关系及来源。参加收藏报告会议的有馆长、负责业务部门工作的副馆长、博物馆的法律顾问、各业务部门的负责人、提交报告的业务主管、保护修复部门的负责人以及有关专家，当然还有董事会的收藏委员会的成员。

主要购买艺术品的业务主管首先要在报告会的四至六个星期前把申请报告写好，并附插图和保护修复部门专家的意见，送交馆长办公室，以便分发给董事会收藏委员会的成员。在报告会两周之前的一个上午，所有提交收藏委员会会议讨论的艺术品都将在会议厅展示，在此期间，各业务和保护修复部门的副主管以上的人员都可以参观、评论，并可用不记名的方式递交意见书，赞成或反对购买。这些意见都会反映给馆长和有关董事会成员。

在会议上，业务主管要向与会人员展示并说明艺术品。虽然业务主管已征得馆长的同意，报告会并非走过场。与会的各位董事和其他部门的负责人、专家都可以就艺术品的真伪、来源、收藏价值、文化意义以致价格提出疑问。很多董事会的成员本人就是收藏家，对某方面的知识和鉴赏力并不亚于业务主管，有时会提出很有见地的意见。购买提议遭到否决的情况不是没有，但是极为少见。

B．展览

业务主管的第二项主要职责是展览。展览包括两类：一类是长期展览，也称为常规陈列；另一类是短期展览，通常称特别展览。无论是长期展览或特别展览，其筹划工作和操作程序基本上是相似的，只不过大型展览的筹备工作需要较长的时间，往往是几年。业务主管的工作首先是拟订展览内容和规划，然后征得馆长同意。如果是小规模的展览，部门负责人同意即可。下一步的工作是落实展品，准备文字材料，例如简介、说明、图片、图表以及教育和宣传资料。

C．研究

研究是业务主管三项职责中最重要的一项，但也是最不容易为外人所知的一项。业务主管的许多日常工作都离不开研究。比如在购买艺术品的过程中，业务主管需要查找、阅读大量的资料，向有关专家咨询，以便比较鉴别艺术品的真伪，确定其艺术价值，还要做许多市场调查以了解文物的合理价格；在书写展厅说明时，也要参考多方面的资料以便对艺术品做深入浅出的介绍。当然，最能反映其研究工作的仍然要数学术论文的出版。博物馆的学术论文有相当部分在艺术史的刊物和博物馆的期刊上发表，更多的还是配合展览出版的图录，包括本馆的收藏和特别展览的图录。绝大多数的展览图录都是最重要的学术研究著作。

此外，博物馆鼓励业务主管参加有关的学术会议和讲座，提交论文。参加学术会议和讲座不仅可以促进交流，而且为结交同行、建立馆际和国际交往提供机会。博物馆的同行可以探讨共同关心的课题和项目，许多展览和合作项目往往在这些会议期间产生。

在美国，无论公立还是私立博物馆，基本都是董事会下的馆长负责制，馆长握有人事权与财政权。部门设置在业务上实行CURATOR负责制，CURATOR既管文物又负责展览、研究、文物收藏，并负责部分的筹款。这种体制保证了工作成效的最大化。另外，许多馆还有办公自动化系统，馆里许多的交流和信息、通知等通过内部网站分布，非常快捷、高效。

4.香港博物馆CURATOR职责

（1）展品、展览：负责研究、收集藏品、鉴定、策划展览、出版场刊和藏品目录、联络捐赠者等；

（2）对外推广：筹办教育及推广活动、制作公共及学校节目、制作学校推广工作制等；

（3）藏品登记：系统地登记收藏品状况、负责保安、妥善储存等；

（4）文物复修：保存和修复文物、技术支持及科学研究。

从以上中外博物馆机构设置的比较，可以看出两者之间有很大的差别。中国博物馆的内部机构设置在业务上还是以保管、陈列、宣教三大部分为主，有的实行按藏品质地分类的一条龙研究部。但中国的一条龙制本质上有别于国外的CURATOR制度，它只是便于专题部门负责人可以统一协调各种业务力量，集中开展本部门的业务活动，部门负责人的权力没有国外博物馆CURATOR大，部门的人员配置也会受到种种条件的制约，有些并不是你理想的人选。而国外博物馆的CURATOR具有很强的研究、组织、领导能力和自主性，能带领助手和相关人员共同完成藏品保管、业务研究和展览策划任务，这不仅有利于调动专业人才的工作积极性，也有利于提高博物馆的专业水平。

二　建立具有中国特色的博物馆业务主管制的必要性

早在1986年，博物馆学家甄朔南先生就在文章中介绍过美国博物馆界实行的CURATOR制。甄先生将CURATOR一词译为"研究馆员"，与中国现行的博物馆专业技术职务最高一级名称完全一致。甄先生认为，研究馆员不同于馆长、一般的科学工作人员以及各部门的负责人，并举美国就墨西哥自然历史博物馆为例分析CURATOR一词的角色含义，这个馆的古生物、地质、植物和动物四个专业部门的负责人叫"研究馆员"（CURATOR），而展览部和教育部的主管则叫主任（DIRECTOR）或负责人（CHIEF）。甄先生进一步分析指出，凡具有研究馆员职称的人，首先必须是某一学科的专家，他们在某一科学领域内是得到国内外公认的造诣较深的科学家。但博物馆的研究馆员又不同于大学教授或研究机构的研究员或高级工程师、主任医师等，博物馆研究馆员必须对博物馆藏品鉴定、保管与保养，对陈列或展览以及社会教育工作有独到的研究心得与见解。他们是博物馆里的学术带头人，他们要能够把自己的专业与博物馆工作有机地结合,以提高博物馆征集、收藏、科研和教育的工作水平。随着中国博物馆事业的不断发展,为更好地开展博物馆的各项业务工作,加快与世界先进博物馆接轨的步伐,中国的博物馆,尤其是综合性或艺术类的大馆,可以引入业务主管制,借鉴美国博物馆业务主管制管理的成功经验。但必须针对中国国情和各博物馆的实际情况做适应性的调整,真正使业务主管制在博物馆充分发挥其内在优势,促进中国的博物馆在新时期取得更大的发展。

首先,中国与美国体制的不同,决定了博物馆的外部管理体制的差异。中国的博物馆是隶属于国家的文化事业单位,实行国家工资制,与美国博物馆相对自主的薪资制度不同。因此,在人力资源上不可能实行美国式的完全由馆长决策的业务主管聘任制和相应的薪资待遇。

其次,中国许多博物馆的业务部门主管不一定是具有很高学术地位和社会影响力的专家学者,而是从具体工作出发,选择具有一定上升和培养空间、年富力强的业务骨干来承担。这是因为博物馆的业务部门还有很多事务性、基础性的工作要做,在现行的人事制度下选择适合的人来承担,便于在保证全馆利益的前提下开展各项业务活动。

第三,中国博物馆的各业务部门并不具有独立的财务权、决策权和人事权,还要服从整个博物馆的利益。部门主管也只在所管辖的业务领域、研究岗位有一定的决策权。另外,中国博物馆的公有性质,决定了其资金来源由国家财政拨款,所以业务主管不需要为本部门筹措资金,而只需对本部门业务做发展规划和所需资金预算,上报上级审核后在财务部门的管理下单列收支账目即可。

博物馆研究员(即CURATOR)制度的建立,可以体现博物馆的主业,让博物馆研究人员实现和藏品的紧密结合,更好地利用博物馆藏品,发挥博物馆职能,简单的说就是博物馆要由研究人员发挥主导作用。

中国博物馆研究员制度建立的具体做法可以这样进行:撤消研究部,将研究人员并入保管部;各

馆按自己藏品情况来安排研究员岗位,分别设立研究员;国家主管部门出台研究员上岗条件的指导意见;研究员的工作任务是征集、保管、研究、鉴定、提出文物维修保护意见、建立文物档案、提出所管文物的征集计划、展览规划和展览提纲、编写展览中的宣传材料、向公众介绍讲解文物的价值与鉴赏方法,概括起来就是让博物馆主业一条龙完成,研究员具有很大权利,也承担很大责任;设立副研究员和助理研究员来协助研究员工作。

在博物馆设立研究员制度,由研究员构成博物馆的主要策展人,在中国博物馆也实现"研究员为主"。

表面看,这项工作只是设不设研究员的问题,从实质上说,它将改变中国博物馆管理工作的运行模式,产生高效的博物馆,充分发挥博物馆职能,取得博物馆的社会地位、社会荣誉。

三 中国CURATOR制度可行性方案

美国博物馆业务主管可以通盘负责某类藏品的征集、管理、展览及研究,有很强的独立性,这种做法能较大限度激发博物馆管理及专业人员的能动性,也有利于藏品的保护与展示,比中国博物馆实行的征集、保管和展览三个部门相互独立的制度有明显的优越性。此外,美国博物馆非常注重观众服务与公众教育,这也是中国博物馆普遍缺失的。

据我们了解,中国有些省级博物馆已在考虑或正在推行研究员制度,如湖南省博物馆、天津博物馆等。上海博物馆、故宫博物院在改革时也打破了原来的行政建制,分别设立青铜器、古代书画、古代陶瓷等专门部门,它们不仅直接对藏品的保管、保护负责,而且同时对藏品进行深入的研究,并在此基础上策划和设计展览,甚至要介入展览的制作及展览的推广。这种专门部门的负责人所承担的就相当于CURATOR的职责,这种设置充分利用了博物馆的藏品和人力资源,有利于博物馆业务水平的提高。河南博物院在陈列部实行了类似CURATOR职能的展览主持人制度,并在新的展览中打破过去的部门分工,引导保管部的研究人员也进行展览策划,逐步为全面推行CURATOR制度创造条件。

1. 湖南省博物馆体制改革实践

湖南省博物馆于 2002 年 9 月推出了有一定"原创性"的内部机构设置方案，在部门分置和职能调整方面大胆进行了改革。针对"三部制"和"一条龙"制可能产生的弊端，结合本馆实际重新设置业务部门，改革后业务部门的设置是：

典藏技术部：负责藏品的登录、总帐、藏品档案，技术保护等工作。

古代文物部：负责古代文物的征集、保管、研究、陈列等工作。

近现代文物部：负责近现代文物、新建文物、民族民俗文物的征集、保管、研究、陈列等工作。

展览部：负责全馆临时展览规划、引进、艺术设计与制作等工作。

开放管理部：负责接待、讲解、教育推广、志愿者管理、会员发展与服务、教育基地建设和开放区的综合管理等工作。

图书资料信息中心：负责图书资料采编、借阅、摄影、数据库建设、网站建设等。

上述机构设置在实施两年后，馆内有同志对其进行了初步总结，并概括为"一促四有利"。所谓一促，是指促使了观念的转变。文物研究部门和典藏技术部门在进行文物鉴选、定级、建档和提用时，由于以下双方共同参与的工作，是份内之事，克服了以往的"配合"观念，有利于工作积极的充分调动和顺利开展，工作责任更加明确，计划性得到加强，工作落实的效果更好。所谓"四有利"是指：第一，有利于工作快速落实，简化了工作程序，保管的责任人明确，文物提用消除了部门之间的隔阻。第二，有利于提高保管工作人员管理水平，研究员经常入库促使保管人员全面熟悉藏品存放和分类卡、索引卡的保持齐全。第三，有利于保管人员文物专业水平的提高，文物研究人员可随时对保管员进行文物业务指导。第四，有利于加快研究人员熟悉馆藏文物的步伐，文物征集、鉴选定级、建档成为研究人员的份内工作，增加了研究人员理论知识与藏品实际相结合的机会，加快了研究人员出成果的步伐。每个研究人员都有主攻藏品研究方向，有利于

专业人员群体的培养，有利于博物馆业务工作和研究水平的总体提高。

2. 天津博物馆的业务机构设置

天津博物馆业务机构设置的具体实施方案为将原来的陈列、保管、群工等业务部门以及分布在行政职能部门的业务人员打乱，按业务研究方向及本人意愿重新组合，在馆长领导下根据馆藏文物类别和性质设立三大业务部：

历史研究部。人员构成：原历史研究人员和历史类藏品管理人员。藏品构成：主要是历史文献、近现代文献资料、考古出土文物、民俗文物、钱币、邮票、地方文献史料等。所辖展厅面积：3800 平方米。

器物研究部。人员构成：原器物研究人员和器物类藏品管理人员。藏品构成：陶器、瓷器、玉器、铜器、钱币、金属、砚墨、玺印、历代工艺及杂项等。所辖展厅面积：2300 平方米。

书画研究部。人员构成：原书画研究人员和书画类藏品管理人员。藏品构成：历代书画、碑帖、甲骨等。所辖展厅面积：1500 平方米。

每个部门首先要负责本部所有藏品的管理，同时积极开展对藏品的学术研究（包括相关图书资料的编辑出版）、陈列展览的策划、撰写陈列大纲、编写讲解词等工作。

各部门的业务主管由馆长在现有职工内选拔任命，负责本部门业务工作，其主要职责是：对本部门的文物藏品进行科学化和规范化管理，制定本部门业务发展计划，策划相关展览，开展学术研究等。

3. 专业博物馆的机构设置

在中国的博物馆中有近 10% 的博物馆属于专业博物馆，我们认为在一些大型的专业博物馆中，业务部门的设置同样可以推行 CURATOR 制度，如中国丝绸博物馆、中国茶叶博物馆、中国农业博物馆、中国地质博物馆等，都可以根据各自的业务研究领域确定 CURATOR 的数量和职责，把藏品征集、研究和陈列展览一体化，有利于各项工作的顺利开展。我们以中国丝绸博物馆为例，设定专业博物馆的机构设置。

作为国家级的专业博物馆，中国丝绸博物馆在

改革方案制定时由于种种原因未能实行研究员制度，因此在工作中经常会发生部门与部门之间的不协调，对博物馆的工作效率和业务研究造成一定影响。因此，我们认为根据中国丝绸博物馆的现状和专业特色，有必要也有可能在馆内业务部门设置时推行研究员制度。我们设想了以下具体方案：

针对专业博物馆的特色，博物馆应扬长避短，依托其专业优势，以丝绸历史文化和蚕丝技术史为主线，在研究方向上可设立中外丝绸史、古代纺织品鉴定、保护与修复、蚕桑、印染工艺。每个方向设立一名研究员，给予一定的权利和职责，研究员可实行公开招聘、引进人才的方式，在全国范围内甚至在国际上发布招聘信息，详细说明应聘及相应的待遇条件。研究员可配备 1—2 名助手。每一位研究员具体负责该方向的藏品征集、收藏、研究、陈列等工作。我们认为中国丝绸博物馆的组织机构可设立如下（图一）：

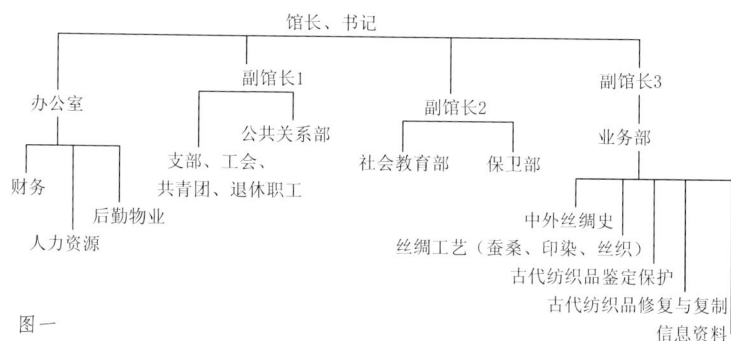

图一

馆长全面负责馆内各项工作；由一位副馆长负责支部、工会、共青团、退休职工及公共关系部工作；一位副馆长负责社会教育及安全保卫工作；一位副馆长负责全馆的业务工作。业务副馆长应该就是首席 CURATOR，有权挑选业务主管，在业务部设立 3—4 个 CURATOR，每一个 CURATOR 负责该研究方向的文物征集、藏品管理、研究及陈列展览。

办公室：负责全馆人事、财务、接待、外事、文秘、档案工作；负责全馆绿化、环境卫生、车辆管理及产业项目的规划与管理；负责信息化及网站管理。

公共关系部：负责大型活动的策划及推广、争取活动赞助。

社会教育部：负责展厅日常开放管理、观众接待讲解服务；负责博物馆宣传、对在校学生开展形式多样的社会教育活动；负责"博物馆之友"及志愿者的组织管理。

保卫部：负责全馆的综合治理、安全保卫工作

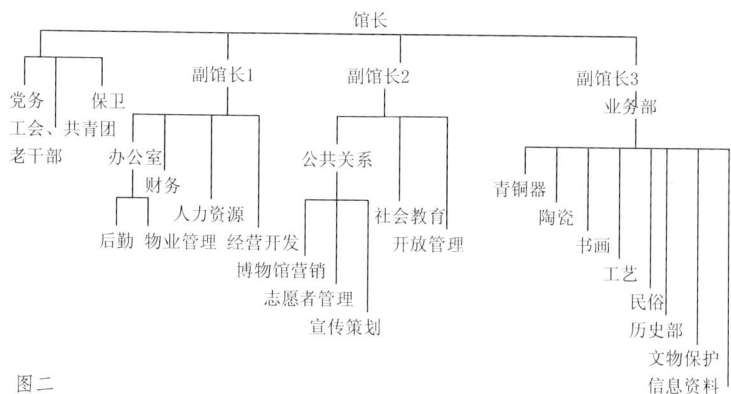

图二

及水、电、动力、用电设备的维护管理；负责文物布展、押运的安全保卫工作。

业务部：是博物馆业务工作的核心。由学科带头人或业务骨干担任一个研究方向的 CURATOR，并配备 1—2 名助手和相关的工作人员，负责该研究方向的文物征集、藏品管理、学科研究及陈列展览，每年要制定该专业的年度计划。

4. 省级或省级以上的博物馆的机构

省级或省级以上的博物馆可根据博物馆自身的具体条件，设置不同的机构，但要把握以业务研究为核心的原则。我们设想的大型综合类博物馆的机构设置如下（图二）：

馆长直接主管全馆各项工作，兼管党务、老干部、共青团、工会及保卫工作。

一位副馆长受馆长委托分管行政、财务、人力资源、经营开发工作；一位副馆长分管公共关系、开放管理、社会教育等对外联系工作；另一位具有较强业务水平且是某个方向的学科带头人分管博物馆的业务工作，这是博物馆的核心工作。

根据各个馆的实际情况，可设立 15 个左右中层

部门完成博物馆的运转，各部只设1位负责人，其中陶瓷、书画、工艺品等6部是核心，其负责人称为CURATOR，其余各部称主任。需要特别说明的部门职能如下：

（1）公共关系部：主管博物馆信息发布、志愿者组织、会员、博物馆形象策划宣传，大型活动的策划推广。目前中国博物馆大多未设立这个部门，但从博物馆发展趋势看，此部门应成为博物馆重要宣传机构，其职能与社会教育部相比较，后者以观众为主要服务对象，前者则以社会各界的联系为主，将现代企业的营销理念引入博物馆的管理，其任务是以良好的社会形象争取政府、社会、机构的支持和募捐。

（2）陶瓷、青铜器、书画、工艺、民俗各一名CURATOR：负责馆藏自身研究方向文物的保管；组织、实施各专题展馆的展出及其展览更新、改造；参与文物的鉴定和征集工作、资料收集、研究、展览方案计划。

（3）社会教育部：负责观众接待、讲解和陈列展览的宣传推介工作；负责观众组织联络工作，分析观众动态，搜集并反馈观众意见和建议；开展多种形式的普及性教育活动，包括编写、出版普及读物，举办小型流动展览，配合重要展览，组织面向社会与展览相关的专题讲座及培训志愿讲解员。

以上这些部门的设置区别于传统博物馆主要有：

（1）虽未设研究部，但特别强调研究的重要性，由于实行了CURATOR制度，将藏品征集、研究、展览一条龙完成，充分利用博物馆的人力与藏品资源，使博物馆的收藏、研究和展示能力进一步提高，实现与国际博物馆的接轨；

（2）重视博物馆的教育和营销作用；

（3）重视博物馆社会形象，设立公关部，用现代博物馆营销理念争取社会支持。

四　中国博物馆CURATOR的特点

根据中国的国情，在中国博物馆界推行CURATOR制度，我们觉得应与国外的CURATOR制度有所区别，主要表现为：

1. 博物馆内部机构设置不是与国外博物馆一样分为职责明确的三个部门即研究、后勤服务、对外宣传，CURATOR只是在广义上的业务部门内根据藏品分类设置，CURATOR的职责是在业务部门履行，他的权力相当于部门主任，与其他部门的关系是并列的。

2. 业务馆长的权利和职责：博物馆的业务馆长在一个博物馆中所起的作用是相当重要，不可低估的，他的管理能力和学术水平往往关系到该博物馆业务工作的开展和整个博物馆事业的发展。在我们提倡推行CURATOR制度时，业务馆长承担的是首席CURATOR职责。他自身应具备很强的专业水平及管理能力，在某一研究学科有一定的建树，并在国内外都有一定的影响。在馆内他能根据需要有挑选下设的CURATOR和各相关学科组成人员的权力。

3.CURATOR的担任者要在相关学科研究中具备一定的知名度。但由于中国博物馆人事制度的约束对人才流动造成一定的困难，因此在博物馆中担任CURATOR的只能以本馆的研究人员为主。我们建议国家文物局建立一个博物馆人才库，创造条件使他们在全国的博物馆内流通，哪个博物馆需要特定的学科带头人时，就可以双向选择，给博物馆的研究人才以充分发挥才能的机会。

4.CURATOR的权力和责任。要发挥CURATOR的作用，一定要给他们一定的权力，我们认为CURATOR在博物馆内应享受部门主任的待遇。此外每年要划拨专项经费，支持学科研究和展示展览。专项经费可根据年度计划划拨，主要来源为财政拨款，另外还可以通过CURATOR的努力，争取社会力量的支持。由于CURATOR关系到一个博物馆的业务水平，因此他们的责任也更重大。

五　实行CURATOR制度可预计的绩效

中国的一些博物馆在近几年来也开始实行CURATOR制，并取得了一定的成效，如湖南省博物馆实践后，总结的经验是认为把CURATOR称之为"研究馆员主管制"较为合适。具体的方法为根据本馆藏品和专业学科确定若干系列，然后通过竞争从有研究馆员任职资格的专业人员中产生各个系列的研究馆员主管（如同一个系列有必要设两个研究馆员主管岗位，则加设首席研究馆员主管），再根据需要在研究馆员主管之下配备若干副研究馆员、馆员、助理管员和管理员职位，组成某类藏品或专业学科的研究、保管人员的组俣，这个组合在研究馆员主管的带领下，承担本馆某类藏品或某个学科、某个专业方向的业务和科学研究工作。例如，某副馆长具有研究馆员任职资格，通过竞争被聘为某类古代文物专业组合的研究馆员主管，这时，他或她就具有了双重工作任务，首先，在馆长领导下协助馆长管理分管的部门工作；其次，以研究馆员主管的身份负责全馆该类文物的征集、鉴定、编目制卡、建帐建档、展览策划与推介、科研课题设计与组织、人才培养和图录论著的组织工作，这些工作的计划和方案交由该类文物藏品所属的保管与研究部门统一安排，先纳入部门工作计划和任务，再列入全馆工作计划，在相关部门负责人和副馆长、馆长的领导下开展工作。必要时，馆长可对这个专业组合下达指令性任务，如在某个期限内完成该专业文物的信息数据采集工作或策划一个该专业文物的大型展览等。又如，设立一个藏品保管业务方向的研究馆员主管，则担任这个职务者要负责全馆藏品保护管理业务工作的规划与指导，在业务上是第一责任人。

在博物馆内推行"研究馆员主管制"的主要意义有：

1. 改变"官本位"导向，逐步建立以业务专家为导向的管理序列。长期以来，博物馆业务人员一直受传统观念和实际利益的影响，在从事专业工作的同时只想"解决"个一官半职，有了一点资历后就为没有一个科级、处级、级的职位而苦恼，实际利益也可能受到影响。而实行研究馆员主管制就是要赋予专家管理业务的职能并因此而享受应有的待遇。一个博物馆只能有一个馆长，但可以而且应该有若干个真正的专家，博物馆的业务管理权限应有相当一部分掌握在这些专家的手上，从制度和运行机制上为专家治馆提供支撑与保障，而专家也享有不低于馆级领导的待遇。这样，就可以明确一个人的事业发展导向，有管理才干的当然可以朝当主任、馆长的方向努力，而在博物馆钻研业务的也会有"名利双优"的前途。

2. 打破博物馆界封闭保守的传统，培养团队精神。不少博物馆业务人员受不良传统影响，习惯于各自闭门造车，互不交流，越是同行越是相互保密，封锁资料，相互拆台，缺少真正的科学精神与科学作风。"研究馆员主管制"就是要鼓励以团队为单位出成果，树立正确的业务指导思想，培养真正的科学研究方法和追求真理、科学的精神。

3. 正确处理博物馆科研与日常业务工作的关系，树立正确的科研学问，培养真正的博物馆专家。长期以来，在一些博物馆，多受机构设置与运行机制的制约，专业人员的科学研究方向与任务目标均不明确，对业务和科研工作也缺乏行之有效的管理制度与办法。而在一些馆、陈列部门和研究部门的专业人员也多以看不到或不方便看藏品为由，撰写一些与本馆藏品和业务工作毫无关系的文章，将自己视为某些专门研究机构的研究人员。而真正的"研究馆员是主管制"，就是要将科学研究工作与藏品征集、保管、陈列展览工作直接结合起来，让专业人员的科研能力和科研水平不仅体现在著述上，还要体现在博物馆业务工作之中。实际上，藏品档案、陈列展览方案，社会教育方案都是重要的科研成果。对于中国博物馆界而言，办好陈列展览，在目前更是博物馆走出困境，争取领导重视与支持、得到社会理解和回应、促进事业发展的突破口。而CURATOR一词的另一个公认汉译词就是"策展人"，因此我们在设计如何考核研究馆员主管的业绩时，就要特别提出对策划、组织展览的任务要求。

（本文为国家文物局文物保护科学和技术研究课题《CURATOR体制——中国博物馆改革思路之一》节选）

《青瓷撷英》展厅形式设计探讨

李卫平　王　炬（浙江省博物馆　31007）

【摘要】本文阐述了浙江省博物馆《青瓷撷英》展览体现的动静相宜、刚柔相济的设计理念，对形式设计的整体风格、色彩选择、色调运用等若干问题作了初步分析，同时提出了个性化设计的重要性，并总结了不足之处。

【关键词】博物馆　陈列设计

2004 年，浙江省博物馆《青瓷撷英》展厅开放。该展厅采用黑白二色为主色调，展览看口为菱形橱窗，而由此产生的对展览形式设计的争论也不绝于耳，褒贬不一。我们陆续听到了不同专家与观众提出的不同意见，现综合这些不同的看法，并对当初的设计意图做一个阐述。我们无意做出一个倾向性的评价或辩护，因为那不是目的，而只是希望能够通过这样的探讨和争论，使大家对博物馆的陈列设计有更深入的了解。

我们对展览主体和参观主体的把握决定了最终的设计结果。根据陈列大纲，该展览基本是以分布于浙江省的历代各大窑口为主线，结合馆藏青瓷文物作出布局的精品文物展览，也可以说是浙江陶瓷发展史的简述。

展览的主体是青瓷。作为设计者，在我们眼中青瓷是这样的一种展示品：瓷器，一种易碎的，适应不同照度光源，普适于各种温、湿度的展品。光滑的釉面易产生反光。各类器形以圆弧线为主。青瓷，瓷器中的一个种类，色彩偏冷，色调较为单一。在各类瓷器中，它是最为含蓄、温雅的一种，视觉张力不足。

而参观主体，大多数是普通的市民和游览者，并不能要求他们具有较高的文物鉴赏能力和艺术修养。因而，快速地抓住观众的视线，稳定其观赏情绪是必须考虑的。

在我们的理念中，青瓷显然并不适合于集约型的展览。一个矩形的不到三百平方米的展厅，要展览青瓷展品 70 余件，而它们的器形不一、大小也不同，较为单一的色调、较为雷同的造型很容易使一般的参观者产生视觉的疲劳。

因此，为了解决这个问题，需要有一种突破性的挑战精神。陈列形式设计要求的重点是表达观众在接收文物展品所获得的历史价值之外的文化象征，而要达到这一目的首先要抓住观众的视线。从美学的角度而言，事物的和谐发展总处在不自觉的矛盾中。当一件平静的、圆润的瓷器在你的目光注视下，你期望欣赏它们独特韵味的同时再有一丝遐想。而平铺直叙的展示一定会禁锢观众千奇百怪的想像力，也势必影响展览所要表达、传播的意义。

展示文物的品种和造型丰富多样，有食具、酒器、文房用具等。而这些展品都有一个共同点，就是色彩单调，这个小小的缺陷却不能掩盖青瓷精美

图一　平静的无彩色调展示空间

图二　点缀在无彩色调空间中的高纯度色块

的纹饰图案和滋润的釉色。器形不大的展品要使观众驻足仔细地凝视，只有通过强烈的对比来更加完美地展现它。优美的文物曲线则需要尖锐的线条刺激，整个展厅要赋予一种打破静寂的张力。

设计的思路也逐渐明晰起来：以动静相宜、刚柔相济为主要的设计理念。

首先，在整体风格上，采用了较为前卫的立面和看口形式，以对应古朴的被展示者。一件三维的表现力丰富的瓷器展品，其基本的造型基础是圆形的，或圆柱形。显然有节奏的、有秩序感的线条符合衬托它们的需要，而不断出现的短且有力的线会对观众视线有很强的吸引力，他们的目光会不由自主地被引向那些展品。物体的线条可分为曲线与直线，曲线代表着柔和的美，直线则显示阳刚之美。曲与直的对比效果，是建立在二者之间联系的基点上，而线条的表情性与蕴涵性又使曲直对比有了潜能。曲线与直线是线条变化规律的体现。但直线只有长度上的变化，因而缺少装饰性。而曲线既有弯曲程度上的变化又有长度上的变化，因而就有很强的表现性与艺术应用及审美价值。空间形体起伏运动的趋向与平衡状态直接影响点、线、面、形体造型要素的平衡变化。《青瓷撷英》展览的器物与展示空间的关系就是曲线与直线，面与面相互制约、影响的对比关系。连续的强硬的菱形看口，具有强烈的

指向性运动感，而置身其中的瓷器圆润、静寂。我们刻意营造了这种尖锐的矛盾，旨在把握展柜与展品的形体与形体之间、空间与空间之间、线条与线条之间的关系，把握线条在展示空间中的流动连续的节奏感，以使整个陈列空间自然而然地融为一体，以达到动与静、刚与柔之间的矛盾统一。

其次，在色彩的选择运用中，大面积的安静的黑白主色间以局部高暖的活跃的橙色，譬如平静的水面上荡起了一圈涟漪，目的也在于处理动与静之间的关系。突出展览主体是我们一直在贯彻的主要意图，采用黑白为主色，是基于对色彩的理解：色彩的对比也要和形的对比相呼应。只有不断地调整对比度，才能自如地凸现需要的主次关系。对比度对视觉效果的影响非常关键，通过画面黑与白的比值，变化黑白之间的渐变层次，比值越大，它们的渐变层次就越多，从而表现力就越丰富。比值较小的单色调或无彩色调——即以一个色相作为整个室内色彩的主调，这种色调能够获得宁静、安祥的室内展示效果，它与设计主题需要达到的目的非常吻合。单色调所具有良好的空间感以及为室内的陈设提供适宜的背景。单色调中通过明度及彩度的变化，来调节展品与空间的对比关系。在室内设计中，粉白色、米色、灰白色以及每种高明度色相，均可认为是无彩色，而由无彩色建立的色彩系统，表现的

图三 别具匠心、倾斜的展柜看口

图四 中心柜与壁龛的有机结合

效果则非常平静。这些由黑、灰、白色组成的无彩色调，会更有利于突出展示的文物。设计师通常都是极力反对过分的装饰或精心地饰面，因为它们只会减弱主题的表现力。当然，在无彩色调系统中，可以适当加进一种或几种纯度较高的色相，如红、黄、绿等，因无彩色调占有展厅空间色彩支配的地位，高纯度色彩只起到的点缀作用，它会使展示的空间不显得过于沉闷，这也秉承了设计者动静相宜的设计理念。同时无彩色调在协调色彩上起着不可忽视的调和作用，它不会使次要的装饰影响展厅的主体。

同时，在色调的选择中，应该竭力避免其他强

烈的高纯度色彩可能会对青瓷固有色造成的干扰。简单地举一个例子，如果在青瓷展品的周围衬以色彩纯度较高的黄色或红色背景，由于受环境色的影响，展品的显色性会减弱，青瓷的固有色彩还原会发生很大的偏差。显然，尽可能地还原展品的固有色彩，才有利于受众对展品真实原貌的理解。

博物馆要传播的信息不仅限于展品的简单陈设。每一件青瓷展品都有自己独特的故事，虽然它们的形状、功能不同，但烧制的过程却大同小异。由于瓷器地位的特殊以及制作知识的普及性，各个博物馆对这方面的知识都有或多或少的阐述，在《青瓷撷英》展厅中便不再重复这些教材。我们精心选择了一件非常有动感力的白色大理石雕塑——正全神贯注作拉胚状的工匠，它为平静的展厅注入了迷人的活力。一切尽在不言中，观众在雕塑面前可以想像窑工脸颊上的汗水及生生不息的窑火。置放这件雕塑并不喧宾夺主，它那特有的柔和白色在整个无彩色调空间系统中显得十分的融洽。短、平、倾斜的展柜边缘切线在心理上会产生一种不安定的、摇摇欲坠的错觉，这些心理反映直接会影响观众对脆弱的瓷器展品多一份关注。在打破习惯的视野平衡时，对角相错的展线布置会加强展厅空间的动感，同时最大限度地使展品之间的关系相互独立。黑色吊顶的对角斜线与展柜往外倾斜的立面相得益彰，而人体最佳视点正好落在展品上。结合透明的圆形水晶积木，通过底光与顶光相互配合，使得一件件青瓷展品仿佛悬浮在空中。展厅中最大的立面是两块纯度较高的墙面橙色织物，它对活跃展示的氛围起了很大的作用。同时为整体展示空间的协调，所有的文字说明（前言、段落）排版走向都与展柜风格保持一致。

图五　与无彩色调空间谐调的白色大理石雕塑

图六　展柜中错落有致的透明水晶底座

各历史文化的发展总在相互交流与影响中进行的，事实上设计也不能避免交流。在做《青瓷撷英》展览形式设计方案时，我们也参考了许许多多相关的资料。要恰当地表现展品并拥有自己的特色，就需要突破常规的审美观念。美国著名建筑师丹尼尔·利伯斯肯特设计的欧洲犹太人历史博物馆给人印象深刻。整个建筑体有设计师强烈的个人风格，统一而重复的空间，赋予了建筑的新形象。没有拘泥于以前形成的空间形象，没有平行的或直角的垂直线。展厅是由倾斜的墙面、斜的灯带、不规则的展柜看口组成的拥有跳跃空间的建筑体。正因为表达方式的抽象性而引起世人的关注。但世俗需要设计共性化，期望与展现的内容风格统一，设计师在可能妥协的同时也许失去了珍贵的个性。

云南省博物馆的《滇国——云南青铜文明展》形式设计也含有这种前卫的设计理念，斜面、斜线的装饰，以此来打破水平垂直线求得变化。曲折的参观线路，夸张的大三角吊顶，同样采用无彩色调。这些外形变化丰富，色彩对比弱化的环境空间非常清晰地衬托出要表现的主题——展品。形象是物体的外部特征，是可见的。视觉元素的各部分包括了所有的概念元素，如点、线、面等。对这些元素的重新组合，使得视角中显得非常不平衡的线条，在观众眼中有令人耳目一新的感觉。这种平衡感违反了物体在空间中一直存在的稳定，破坏了经验的视觉审美。

我们一再强调展品在空间中的主导地位，形式的变化始终要从属于它，形式设计之间的对比不能大于主题。追求设计个性化的目的是减缓观众长久的审美疲劳，因为我们不能改变展品的外貌和性质。

《青瓷撷英》展览从开放至今将近四年，通过一段不短的时间检验，在现在做出一些反思或检讨会更加恰当，因为理智摒弃了许多个人的感情因素。

虽然这个案例带有一定的实验性，但展览设计的总体风格基本达到了设计要求，色彩的把握运用也很合理。地面与天顶巧妙的材质变化使倾斜的壁龛式展柜与垂直面的中心柜配合得也很得体。

当然其中的缺陷也是很明显的。首先，材料的运用非常不到位，仍然采用了比较传统的素材和工艺，达不到最初设计需要的那种冰冷的现代感。其次，展柜看口的变化太单调，没有得到充分发挥，缺少某种节奏感。再次，灯光的运用只是采用了顶光和底光，缺少正、侧的光源，使得原本把青瓷的釉色塑造成展厅中最突出活跃的色彩的设想未能达成，反而在展品局部形成发黑发暗的现象。最后，雕塑的安放位置不理想，局促于角落，未能成为展厅中最活跃的中心。

《青瓷撷英》展览的形式设计给我们最大的收获就是设计需要个性，创新是设计师不可缺少的灵魂。设计思维在主动优化，努力创新时，不断完善设计方案，保持设计的创意性和设计中的情感诱发，使产生灵感的情感与理性发挥达到最佳境界。